Jaques Daliwe

Ulrike Jenni

Das Skizzenbuch des Jaques Daliwe

Kommentar zur Faksimileausgabe des Liber picturatus A 74
der Deutschen Staatsbibliothek Berlin/DDR
mit einem Beitrag von Ursula Winter

Edition Leipzig

Die Faksimileausgabe im 7–8farbigen Lichtdruck wurde nach dem Original des Liber picturatus A 74 aus der Deutschen Staatsbibliothek Berlin/DDR angefertigt.
Kommentar von Ulrike Jenni (Wien) mit einem Beitrag von Ursula Winter (Berlin).
Die Gestaltung besorgte Maja Thorn.

Daliwe, Jaques:

Das Skizzenbuch des Jaques Daliwe. – Faksimileausg. d. Liber picturatus A 74 d. Deutschen Staatsbibliothek Berlin, 1409, 1. Aufl. / Kommentar von Ulrike Jenni. Mit e. Beitr. von Ursula Winter. – Leipzig: Edition Leipzig [u.a.], 1987. – 22 Taf. (farb.) u. Kommentar – bd. (88 S.: zahlr. Abb.)

Lizenznummer 600/56/87
Lichtdruck: Graphischer Großbetrieb Völkerfreundschaft Dresden
Lichtsatz: INTERDRUCK
Graphischer Großbetrieb Leipzig – III/18/97
Druckerei Volksstimme Magdeburg IV/14/481
Handbuchbinderische Verarbeitung der Kassette: Buchbinderei Günther Heim Leipzig
Handkolorierung der Tafel IIIb: Uta Riemer
Printed in the German Democratic Republic
Bestellnummer 594 517 1
ISBN 3-361-00152-8

Inhalt

Das Skizzenbuch des Jaques Daliwe

Ulrike Jenni

Der Liber picturatus A 74 aus der Deutschen Staatsbibliothek Berlin

Ursula Winter

Einleitung

Das Skizzenbuch erregte schon immer wegen seiner Einzigartigkeit besondere Aufmerksamkeit und reizte zu wissenschaftlicher Bearbeitung. Die Äußerungen zu den Täfelchen, die von 1830 bis heute verfolgt werden können, beleuchten exemplarisch das Herantasten an die Problemstellung Musterbuch/Skizzenbuch und den Umgang mit anonymer mittelalterlicher Kunst – sie sind folglich ein Stück Wissenschaftsgeschichte. Trotz des Namens «Jaques daliwe» auf der Innenseite des Vorderdeckels kann der Künstler bis heute nicht durch weitere Dokumente belegt werden. Die Einordnung des Skizzenbuches muß sich allein auf stil- und entwicklungsgeschichtliche Untersuchung stützen.

Um es vorweg zu nehmen: Die Zeichnungen sind zwischen 1400 und 1420 entstanden und stammen von einem Künstler, der in den südlichen Niederlanden seine Ausbildung erfuhr, wie viele seiner Künstlerkollegen nach Frankreich ging und dort eine Zeitlang in der Werkstatt der Brüder Limburg tätig war.

Die Eingliederung in den niederländischen Bereich oder in Gebiete, die von niederländischer Kunst beeinflußt sind, zieht sich wie ein roter Faden durch die gesamte Literatur: Niederlande, Köln oder franco-flämische Kunstlandschaft.[1] In der ersten Publikation aus dem Jahr 1830, die mit achtzehn detailgetreuen Lithographien von Karl Paltzow ausgestattet war, ordnete der Autor Friedrich Wilken

Literatur zu den einzelnen Musterbüchern findet sich, falls nicht erwähnt, bei R. W. Scheller, A Survey of Medieval Model Books, Haarlem 1963, oder bei Ulrike Jenni, Vom mittelalterlichen Musterbuch zum Skizzenbuch der Neuzeit, in: Die Parler und der Schöne Stil 1350–1400, Bd. 3, Köln 1978, S. 139ff.

[1] Friedrich Wilken, Entwürfe und Studien eines niederländischen Meisters aus dem XV. Jahrhundert. Nach den in der Königl. Bibliothek zu Berlin aufbewahrten Originalen, Berlin 1830 (mit 18 Lithographien von Karl Paltzow): Nachfolger der van Eyck, Ende 15. Jahrhundert. – Das Kunstblatt, 1831, Nr. 43: Kölner Schule, Anfang 15. Jahrhundert. – J. D. Passavant, Das Kunstblatt, 1841, Nr. 89: Kölner Maler aus der ersten Hälfte des 15. Jahrhunderts, bei dem «sich einerseits das Beibehalten vieler älterer typischen Darstellungsweisen zeigt, während andererseits das jener Epoche eigentümliche Streben nach Individualität hervortritt». – Carl Schnaase, Geschichte der bildenden Künste im Mittelalter, Düsseldorf 1874, Bd. IV, S. 450f. (mit einer Nachzeichnung der Heimsuchungsgruppe): Im Skizzenbuch zeige sich der Austausch französischer und niederländischer Kunst am Anfang des 15. Jahrhunderts; nicht später als ins zweite Jahrzehnt des 15. Jahrhunderts anzusetzen; von der Eyckschen Kunst ist der Künstler noch unberührt. «… für höhere und idealere Gestalten benützt Jaques Daliwe die Traditionen der französischen, für genreartige Nebenfiguren die der niederländischen Schule». – Julius von Schlosser, Die künstlerische Überlieferung des späten Mittelalters, in: Jahrbuch der kunsthistorischen Sammlungen des Allerhöchsten Kaiserhauses, XXIII, 1902, S. 316: Der Künstler entstamme dem Kreis der Miniaturmaler, die an den reichen Höfen von Paris, Dijon

unseren Künstler Jaques Daliwe als einen Nachfolger der van Eycks am Ende des 15. Jahrhunderts ein. Ein Jahr danach, 1831, wird die Datierung korrigiert und das Skizzenbuch an den Anfang des 15. Jahrhunderts gesetzt. Diese zeitliche Einordnung wurde von den folgenden Bearbeitern durchgehend beibehalten.

Julius von Schlosser vertiefte mit seinem bahnbrechenden Artikel von 1902 das Verständnis für die Gattung der Musterbücher.[2] Grundlegendes wurde zur Art und Weise der Bilderfindung und seiner Weitertradierung gesagt. Das «Gedankenbild» beherrschte die künstlerische Phantasie, während ab dem späten 14. Jahrhundert das unmittelbar geschaute Modell an Bedeutung gewann. Der Künstler zeichnet einen Gegenstand, wie er ihn denkt – und nicht, wie er ihn sieht.

Die Studie von Schlosser war Ausgangspunkt für eine Reihe von Arbeiten über Musterbücher. Schlosser selbst stellte das Wiener Modellbüchlein und das Reiner Musterbuch in seinem Aufsatz vor, Roger Fry publizierte die Täfelchen des Jacquemart de Hesdin (1906) – jeweils vollständig abgebildet. Hans Hahnloser, ein Schüler Schlossers, verfaßte eine kritische Ausgabe zum Bauhüttenbuch des Villard de Honnecourt (1935) und zusammen mit Fritz Rücker einen Aufsatz zur Wolfenbütteler Vorlagensammlung (1929).[3]

Die nach Italien lokalisierbaren Musterbücher wurden ebenfalls zum größten Teil zu Beginn unseres Jahrhunderts (mit reichlichem Abbildungsmaterial ausgestattet) veröffentlicht: das lombardische Skizzenbuch im Gabinetto delle Stampe

und Bourges beschäftigt waren. In der Stilentwicklung stellt Schlosser das Daliwe Skizzenbuch auf die gleiche Stufe mit dem Wiender Modellbüchlein im Kunsthistorischen Museum, Inv. 5003, 5004. – Max Dvorák, Das Rätsel der Brüder van Eyck, in: Jahrbuch der kunsthistorischen Sammlungen des Allerhöchsten Kaiserhauses, XXIV, 1903, S. 296: Stellt das Daliwe Skizzenbuch in Hinblick auf seinen Naturalismus neben Pisanello und Hubert van Eyck als Vorstufe zu dem Naturalismus im Werk Jan van Eycks.

[2] Julius von Schlosser, op.cit., siehe vor allem das Einleitungskapitel S. 279 ff.

[3] Hans R. Hahnloser, Villard de Honnecourt. Kritische Gesamtausgabe des Bauhüttenbuches Ms.fr. 19093 der Pariser Nationalbibliothek, Wien 1935 (2. Aufl. Graz 1972 mit einigen Zusätzen). – F. Rücker und H. Hahnloser, Das Musterbuch von Wolfenbüttel, in: Mitteilungen d. Gesellschaft f. vervielfältigende Kunst, 1929, S. 1–16, 25–36. – Roger Fry, On a Fourteenth Century Sketchbook, in: Burlington Magazine, X, 1906, S. 31–38, Taf. I, II (vollständig abgebildet).

in Rom (1902), das des Giovannino de'Grassi (1905), das Fairfax-Murray-Musterbuch der Pierpont Morgan Library (1911) sowie das lombardische Tiermusterbuch in der Accademia in Venedig (1913).[4]

Als Maria Theresia Haßelberg ihre Dissertation schrieb, lag ein Großteil der erhaltengebliebenen mittelalterlichen Vorlagensammlungen publiziert vor. Haßelberg betont, daß die «wesentlichsten Kunstströmungen ... im französisch-niederländischen Raum in dem ‹Skizzenbuch› ihren Niederschlag gefunden haben». Sie ordnet alle Zeichnungen einer Hand zu und erklärt stilistische Unterschiede durch verschiedene Einflüsse, die dieser Künstler aufnahm, wobei sie vier Gruppen unterscheidet: eine des späten 14. Jahrhunderts in der Art des Jacquemart de Hesdin oder des Beauneveu, eine naturalistische Gruppe mit enger Verbindung zum Livre de la chasse des Gaston Phébus, weiterhin eine burgundische Gruppe, die den Zusammenhang mit den Limburgbrüdern aufzeigt, und schließlich stellt sie Vergleiche mit einigen höfischen Werken um 1420 an. Als eine der geistigen Ursachen für die realistischen Züge in den Darstellungen, speziell des Oberflächenrealismus, sieht sie das Wiederaufleben des Nominalismus an, der an der Pariser Universität um 1400 für kurze Zeit offiziell anerkannt wurde.[5]

In der 1963 erschienenen, äußerst verdienstvollen Übersicht aller damals bekannten mittelalterlichen Musterbücher von R. W. Scheller werden die Ergebnisse von Haßelberg kurz zusammengefaßt, und es wird auf Grund einiger ikonographischer Besonderheiten darauf hingewiesen, daß der Meister vielleicht nicht in einem der großen Kunstzentren, sondern in einem Randgebiet tätig war.[6]

[4] G. Bariola, Quaderno di disegni del principio del sec. XV di un maestro dell'Italia settentionale, in: Le Gallerie Nazionali Italiane, V, 1902, S. 360 ff. – Pietro Toesca, Michelino da Besozzo e Giovannino de'Grassi, in: L'Arte, VIII, 1905, S. 332 ff. – C. Fairfax Murray, Tow Lombard Sketchbooks in the Collection of C. Fairfax Murray ..., London 1911. – Gina Fogolari, I disegni delle Reale Gallerie dell'Accademia di Venezia, Mailand 1913.

[5] Maria Theresia Haßelberg, Liber pictus A 74 der Preuß. Staatsbibliothek zu Berlin. Ein Beitrag zur Erforschung mittelalterlicher Skizzen- und Musterbücher, Zeulenroda 1936. Stilistische und zeitliche Einordnung des Skizzenbuches S. 67, realistische Züge im Musterbuch, Nominalismus S. 62 f. (Dissertation bei Prof. Woringer in Königsberg, im folgenden als «Haßelberg» zitiert).

[6] R. W. Scheller, A Survey of Medieval Model Books, Haarlem 1963, Kat. 15, S. 109 ff. (im folgenden als «Scheller» zitiert).

Knapp dreißig Jahre nach der ersten monographischen Bearbeitung des Skizzenbuches erscheint eine neuerliche von Helga Kreuter-Eggemann (1964), diesmal mit vollständiger Wiedergabe aller Täfelchen – allerdings nicht im Originalformat und nur schwarz-weiß – sowie einer großen Anzahl von Vergleichsabbildungen.[7] Der Wert dieser Arbeit liegt darin, daß die Autorin mit Hilfe der Vergleiche die Zeichnungen sowohl ikonographisch als auch stilistisch genau einordnet. Laut Kreuter-Eggemann gehört Jaques Daliwe dem Malerkreis um den Herzog von Berry an. Als Werkstattgenosse des Narbonne-Meisters sowie der Brüder Limburg verarbeitet er sowohl Einzelmotive als auch stilistische Elemente dieser Künstler. Die Autorin nimmt an, daß Jaques Daliwe um 1400 am Hof des Herzogs von Berry aufgetaucht und bis zum Pestjahr 1416, in dem der Herzog und die Brüder Limburg den Tod fanden, dort tätig gewesen ist. Die Entstehung der Zeichnungen setzt sie von 1400 bis 1420 an, wobei die Halbfigurenszenen und Kopfstudien entwicklungsgeschichtlich als am weitesten fortgeschritten bezeichnet werden und deshalb in die letzten Jahre vor 1420 zu datieren sind.

An Hand stilistischer Vergleiche wird das Werk Daliwes um sechs Miniaturen der Stunde des Heiligen Geistes aus den Très Belles Heures de Notre Dame des Herzogs von Berry erweitert, einer Handschrift, die vor 1409 datierbar ist.[8] Dieser Zuschreibung kann ich nicht zustimmen, ausführliche Begründung siehe S. 47.

Die Besprechung des Buches von Kreuter-Eggemann durch Herbert Köllner ist die gründlichste von den vier erschienenen, sie enthält eine Reihe von konstruktiven Hinweisen, wie etwa die größere Betonung des flämischen Elementes in der Kunst Jaques Daliwes. Auch Köllner kann in den sechs Miniaturen nicht die Hand Daliwes erkennen.[9]

[7] Helga Kreuter-Eggemann, Das Skizzenbuch des «Jaques Daliwe», München 1964, S. 67, 77 Einordnung in den Malerkreis um den Herzog von Berry, S. 76 ff. Einflüsse, die Daliwe aufgreift (im folgenden als «Kreuter-Eggemann» zitiert).

[8] Paris, Bibliothèque Nationale, Ms. nouv. acq. lat. 3093, ff. 162, 166, 169, 173, 176, 178 – Kreuter-Eggemann, S. 61 ff. Abb. 27, 77, 78, 80, 81.

[9] Herbert Köllner (Buchbesprechung) Helga Kreuter-Eggemann, Das Skizzenbuch des «Jaques Daliwe», München 1964, in: Zeitschrift f. Kunstgeschichte, Bd. 33, 1970, S. 68–75.

Beschreibung der zwölf Buchsbaumtafeln – Erhaltungszustand und Ikonographie

Ia Ohne Darstellung
89 x 130 mm – Vorderseite der ehemaligen Deckplatte (Beschreibung siehe S. 26).

Ib Die Evangelisten Matthäus und Markus
89 x 130 mm – Rückseite der vorderen Deckplatte. Kleiner Riß im Holz in Höhe der Schulter des Matthäus. Am unteren Rand besonders stark abgegriffen.

Sorgfältige Modellierung in Silberstift. Spuren eines goldschimmernden Metallstiftes in den Gewandfalten von Markus und beim Löwen. Die beiden Nimben in Gold mit den in weiß ausgesparten Minuskeln «mathe» und «marc». Hauptlinien mit feinem Pinselstrich und Metallstift nachgezogen. Gesicht des Markus in grober Weise ausgekratzt. Der Namenszug in gotischen Minuskeln am unteren Rand rechts «Jaques daliwe», mit Pinsel, Metallstift und Einritzungen nachgezogen.

Zur Ikonographie: Die beiden Evangelisten sitzen jeder an einem Schreibpult, über das jeweils eine Rolle gespannt ist, auf der sie mit einer Feder schreiben. Der Engel des Matthäus ragt als Halbfigur über das Pult. Das Symbol des Markus hingegen «turnt» zwischen Stuhllehne und Nimbus. In den beiden Nimben sind die Namen der Evangelisten angeführt.

IIa Geißelung Christi
89 x 130 mm – Besonders stark abgewetzte Oberfläche. Schrammen auf der Höhe des Oberkörpers Christi. Viele kleine braune Flecken, die vor allem in der unteren Hälfte des Täfelchen vorkommen. Metallstiftüberzeichnungen an den Stellen, die noch gut lesbar sind. Eine Reihe von Einritzungen im Gesicht, Bart und den Schuhen der äußersten Figur rechts, im Panzer der Rückenfigur, im Bart des geißelschwingenden Schergen daneben, in den Haaren und im Schurz von Christus sowie bei den Locken und Augenbrauen des Geißelnden links.

Zur Ikonographie: Christus steht hinter der Martersäule und wird von zwei am Boden hockenden Schergen mit den Füßen an diese gebunden. Mit seinen Armen umschließt er die Säule; die Hände sind ebenfalls mit einem Strick zusammengebunden, an dem ein weiterer Scherge zerrt. Vier Geißelnde sind fast kreisförmig um Christus angeordnet. Am rechten Rand zwei Zuschauer (Befehlshaber?). – Kombination zweier Szenen der Brüder Limburg (siehe S. 30 und Abb. S. 70, 71).

IIb Pilgerzug vor einer Stadt
89 x 129 mm – Einige Schrammen im Holz, in denen sich Grundierungspulver gesammelt hat und die deshalb wie weiße Striche aussehen (zu beiden Seiten der Stadt und im Pilgerzug). Grundierung stark abgewetzt.

Figuren im Pilgerzug mit feinen Pinselstrichen nachgezogen, im Bereich der Stadt hingegen mit Metallstift (vor allem die schattierten Teile, wie das Innere des Turmstiegenhauses sowie die Fenster- und Türöffnungen).

Zur Ikonographie: Wahrscheinlich die Darstellung einer «wunderbaren Erscheinung», da alle Pilger in der rechten unteren Ecke in den Himmel hinaufschauen. Seltenes religiöses Thema (siehe S. 43, 51).

IIIa Schmerzensmann mit Maria und Johannes

88 x 128 mm – Um die Gloriole mit dem Schmerzensmann als helle Erscheinung wirken zu lassen, wurde die weiße Grundierung zu beiden Seiten der Gloriole weggewischt. Durch die sorgfältige Silberstiftmodellierung bei Maria und Johannes sowie im Streifen, auf dem beide Figuren sitzen, wirken diese Figuren etwas dunkler.

Die Konturen mit Metallstift nachgezogen; zusätzlich bei Maria und Johannes noch die Linien des Faltengefüges, die Gesichtsbinnenformen, Haare und Nimbenstrahlen sowie die am Boden verstreuten Leidenswerkzeuge; ferner bei Christus die Haare mit der Dornenkrone und die Strahlen des Nimbus, im Gesicht die Augen-, Nasen- und Mundlinien, der Umriß des Oberkörpers sowie seine Wunde; in der Engelsgloriole die Flügel und die Köpfe mit den Locken der Engel.

Zur Ikonographie: Christus erscheint als Halbfigur in einer Engelsgloriole als Vision der am Boden kauernden Maria und Johannes. Johannes hält das Evangelienbuch als Attribut in der Hand, während Maria das ihrige neben sich liegen hat. Zwischen den beiden auf der Erde verstreut Arma Christi.

Ein Andachtsbild vom Typus des betrauerten Schmerzensmannes. Die Themenfassung des damals beliebten Gegenstandes in Form einer Vision ist eine eigenständige Variante von Jaques Daliwe (siehe S. 47, 51 sowie G. Schiller).

IIIb Drei modisch gekleidete Damen (Dreiviertelfiguren), dahinter drei Männerköpfe

88 x 128 mm – Einige vertikale Schrammen am rechten Tafelrand. Braune Flecken am Ellenbogen der Frau links, unterhalb der roten Blume und in der rechten unteren Ecke. Vertiefungen im Holz auf der Höhe des rechten hinteren Kopfes.

Die weiße Grundierung bei den drei Frauengestalten im Vordergrund besonders gut erhalten und auch besonders dicht aufgetragen. Dagegen erscheinen die Männer im Hintergrund dunkel.

Einige mit dem Pinsel aufgetragene Farben: Gold für die verschiedenen Schmuckteile, wie der Nadel in der Kopfbedeckung der Frau in der Mitte, ihrer

Halskette sowie der Kette mit dem Anhänger der Frau links daneben, der Schnalle und Verzierungen ihres Gürtels. Rot für ihr Miederband. Die Blumen in den Händen zweier der Damen mit Farbresten, eine rote Blüte rechts, eine blaue Blüte in der Mitte, gelbliche Blätter.

Beinahe alle Konturen und wichtigsten Binnenlinien mit feinem Pinsel und Metallstift nachgezogen: in den Gesichtern die Augen, ihre Pupillen und Lider sowie die Nasen- und Mundlinien. Einritzungen bei der Frau auf der rechten Seite um ihre Augen, bei der Nase, dem Mund und dem rechten Innenkontur der Haube sowie im Haar der Dame links; ferner als Faltenlinien im Gewand der rechten und mittleren männlichen Figuren im Hintergrund.

Zur Ikonographie: Präsentationsszene. Eine erotische Darstellung, in der eine Frau sich entkleidet, sie ist dabei, ihr Miederband im Beisein zweier Gefährtinnen und dreier Männer zu lösen (siehe S. 38, 55, 58).

IVa Bärtiger Pilger (als Büste) und ein weiblicher Kopf
89 x 130 mm – Am oberen Rand links ein deutlich sichtbarer Riß, darunter eine Verdunkelung des Holzes, in der Mitte ein schmaler Riß. Bräunliche Flecken unterhalb des Bartes des Pilgers und am Haaransatz sowie im Haar der Frau. Wasserfleck in der linken oberen Ecke.

Die Grundierung außerhalb der beiden Figuren weggewischt, so daß sich der weibliche Kopf ganz hell, der sorgfältig modellierte Pilger dunkel vom Grund abheben. Alle Konturen und wichtigen Binnenlinien bei beiden Figuren mit dem Metallstift nachgezogen. Der Schleier, der von der Frisur über der Stirnmitte in einem leichten Bogen bis zum Kinn herabfällt, ist durch das Nachziehen dieser beiden gebogenen Linien sichtbar geblieben. Auf der linken Wange, dort wo der Schleier über das Gesicht fällt, ist das Inkarnat heller gehalten, womit der hauchzarte Schleier zusätzlich erkennbar gemacht wurde. Grobe Einritzungen in Haar, den Augenbrauen und Lidern des Pilgers. Einritzungen entlang der Gesichtskontur der Dame von der Wange bis zum Kinn.

Zur Ikonographie: Der Pilger durch seinen Wanderstab, von dem das Pilgerzeichen, ein Täschchen (?) mit einer Muschel, herabhängt, und den in den Nacken gerutschten Hut erkennbar. Durch Auflegen der Hand des Pilgers auf die Schulter der Frau sind die beiden Figuren in Beziehung, in pseudoszenischen Zusammenhang gesetzt worden (siehe S. 54).

Kreuter-Eggemann (S. 40) stellt die Frage, ob der Pilger, Jakobus, als Schutzpatron der jungen Frau anzusehen ist, diese daher den Namen Jacqueline oder Jakobäa tragen würde.

IVb Evangelist Lukas und Verkündigung

89 x 130 mm – Die Darstellungen sorgfältig mittels Silberstift durchmodelliert. Zeltinneres und der Hintergrund zwischen dem Verkündigungsengel und dem Evangelisten grau gehalten. Die weiße Grundierung zur Hervorhebung der Figuren und Gegenstände eingesetzt. Der Grund gegen den oberen Rand zu weggewischt, damit sich die helle Himmelserscheinung – Gottvater in einer Gloriole von Engelsköpfen – gut abhebt. Der Nimbus der Madonna wirkt goldgelb, da an dieser Stelle der weiße Grund weggenommen und das gelbliche Holz voll zur Geltung kommt.

Einige wenige Partien mit dem Pinsel nachgezogen, u. a. die Himmelserscheinung, die Lilienmusterung des Zeltes und des Kissens sowie die Binnenzeichnung des Gesichtes. Die übrigen Erneuerungen in Metallstift, vor allem die wichtigsten Konturen von Maria, Zelt, Engel, Pult und dem Evangelisten in seinem Stuhl.

Zur Ikonographie: Themenfassung der Verkündigung als Vision des Evangelisten Lukas. Die Verkündigung ist in der Bibel allein im Lukasevangelium erwähnt (Lukas 1, 26–38). Die vor einem Betpult kniende Maria wendet sich dem von links kommenden Gabriel zu. Rechts hält ein zweiter Engel eine Zeltplane beiseite. Maria in einem mit fleurs-de-lis-Muster ausgeschlagenem Zelt ist ein äußerst ungewöhnliches ikonographisches Motiv. Es handelt sich um eine Adaptierung aus dem höfischen Bereich, den Zelten des französischen Königs (das Lilienmuster ist dem französischen König vorbehalten). Zur Wiedergabe des Themas als Vision von Lukas sowie der Maria in einem königlichen Zelt konnten keine unmittelbaren Vergleiche ausfindig gemacht werden (siehe S. 46, 51).

Va Christus zwischen zwei Aposteln (Halbfigurenszene)

89 x 130 mm – Spuren von roter Farbe auf den Lippen der drei Figuren. Pinselgold in den beiden Kreuzbalken des Nimbus von Christus.

Besonders sorgfältige Modellierung mittels Silberstiftes. Bei jeder der drei Halbfiguren die Haare und der Bart sowie die Pupillen, die Augenlider, die Mundlinie und die Zähne (bei Petrus auch die Augenbrauen) mit dem Metallstift nachgezogen, ebenso die Konturen der Hände. Grobe Einritzungen oberhalb des Mundes von Petrus.

Die Nimben erscheinen weiß, da die Grundierung überall dort sorgfältig weggenommen wurde, wo sich keine Darstellung befindet. Die gotischen Minuskeln am linken oberen Rand nicht als Wort lesbar, die letzten Buchstaben «... Joha».

Zur Ikonographie: Wahrscheinlich die Verbildlichung des Gesprächs zwischen Petrus und Christus während des Abendmahls, in dem Christus voraussagt, daß

Petrus ihn in der kommenden Nacht dreimal verleugnen wird (Matthäus 26, 33–34, 69–75, Markus 14, 29–30, Lukas 22, 34, Johannes 13, 28). Auch als Berufung von Andreas und Petrus gedeutet worden (Wilken).

Vb Auf einem Greif reitende weibliche Figur in einer Landschaft mit Hirt und Herde

88 x 130 mm – In der Mitte des unteren Randes ein Riß. Die Darstellungen auf kräftigem weißen Grund. Dieser im vorderen Streifen mit den Tieren entfernt. Dadurch setzt sich die vordere Zone vom anschließenden Landschaftsgrund deutlich ab.

Umrisse sowie Binnenzeichnungen mit Metallstift, manchmal auch mit dem Pinsel (Gesicht und Locken der Reiterin, Ohren des Greifs) nachgezogen: Augen, Mund, Nase bzw. Schnauze aller Figuren und Tiere, Konturen von Greif und Reiterin, der Hirt mit allen Binnenzeichnungen, in der Landschaft ein Großteil der Bäume. Da nicht erneuert, sind die beiden liegenden Schafe im Vordergrund kaum mehr sichtbar. Dagegen sind die beiden anderen, rechtzeitig nachgezogenen Tiere gut erkennbar.

Zur Ikonographie: Das Motiv des Greifen (als Reittier) kommt auf Wilde-Leute-Teppichen oder bei Darstellungen mit Liebesthematik vor (siehe S. 43, 44).

VIa Drei Männer und eine Frau, Hand mit Verspottungsgeste (Halbfiguren)

89 x 129 mm – Am unteren Tafelrand eine Vertiefung im Holz. An den Rändern stark abgegriffenes Täfelchen. Der weiße Grund von kleinen, braunen Flecken übersät.

Bärtiger Kopf rechts vorn mit etwas roter Farbe auf den Lippen. Folgende Partien mit Metallstift nachgezogen: Die Figuren am rechten Rand und diejenigen daneben, einschließlich der Hand mit der Verspottungsgeste; beim Profilkopf links alle Konturen außer der Rückenlinie; bei sämtlichen Köpfen die Pupillen, Augenlider, Brauen, Ohren und Haare. Eine Ausnahme bildet die weibliche Figur im Hintergrund, bei der lediglich die Haare, nicht aber die Gesichtszüge erneuert wurden, daher ist die Gestalt nur noch schwer lesbar. Ebenso die Hand auf der Schulter des Mannes am linken Rand. Einritzungen in allen Teilen der Figur rechts.

Zur Ikonographie: Wahrscheinlich Szene eines Streits. Die höhnende Gebärde, der «Feige oder Fica», bei der der Daumen unter dem Zeigefinger durchgestreckt wird, läßt auf diese Interpretation schließen (siehe S. 32).

VIb Junge Frau und zwei alte Männer, eventuell Susanna und die beiden Alten (Halbfigurenszene)

89 x 129 mm – Am unteren Rand in der Mitte und rechts je ein Riß im Holz. Seitlich an den Rändern abgegriffen.

Zarte Spuren von Rouge auf den Lippen der drei Figuren.

Haare und Bärte sowie Pupillen, Augenlider, Brauen und Schulterkonturen mit Metallstift nachgezogen. Einritzungen in den Locken der jungen Frau und den Haaren der Männer, die unter den Mützen hervorlugen, sowie bei der Knopfreihe des Mannes links.

Zur Ikonographie: Erotische Szene. Ein junges Mädchen knöpft sich im Beisein zweier bärtiger Männer ihren Ärmel auf (oder zu).

Die Deutung als «Susanna und die beiden Alten» ist am wahrscheinlichsten (Daniel 13), siehe S. 38.

VIIa Acht Köpfe

89 x 129 mm – Am oberen Rand drei Risse (rechts, links und in der Mitte).

Alle acht Köpfe mit Metallstift, teilweise aber auch mit Pinsel (Locken der beiden unteren Profilköpfe) nachgezogen. Neben einem grau schimmernden Stift auch ein gold glänzender verwendet, u. a. für das Gesicht des frontalen Negroiden, des Negerprofiles daneben und im bärtigen Kopf darunter (vgl. Ib, VIIb). In den Gesichtern vor allem die Pupillen, Lider, Brauen, Nase (Nasenlöcher), Mundlinien, Zähne und Ohren erneuert; größtenteils die Gesichtskonturen, ebenso die Haare und Kopfbedeckungen. Der Kopf in der unteren Reihe rechts wurde am wenigsten übergangen, so daß sein Bart und Gewand nur noch schlecht lesbar sind, ebenso die flatternden Enden des Stirnbandes vom Neger links unten.

Zur Ikonographie: Typen- und Kopfstudien in zwei Reihen übereinander angeordnet.

VIIb Adler und Schwan

89 x 129 mm – Das Federkleid der beiden Tiere ist mit feinen Metall- und Pinselstrichen nachgezogen, ebenso das Schilf um den Schwan und der Landschaftsgrund am rechten Rand, die Ritzen der Felsstufen sowie das Gebüsch unterhalb des Adlers. Ein goldschimmernder Metallstift teilweise für das Federkleid des Schwans, die Brustfedern und den Schnabel des Adlers verwendet (vgl. Ib, VIIa).

Zur Ikonographie: Die beiden Tiere einander gegenübergestellt, der Adler auf felsigem Terrain, der Schwan im Wasser schwimmend. Der Schwan gehört zu den Emblemen des Herzogs von Berry, der Adler u. a. zu denen seines Bruders, des

Herzogs von Anjou; eine heraldische Gegenüberstellung scheint jedoch nicht beabsichtigt, da die Tiere in ihrer «natürlichen» Umgebung gezeigt werden.

VIIIa Einsiedler vor einer Klause

89 x 131 mm – An den Stellen, wo sich der Himmel befindet, wurde die Grundierung und auch etwas Holz weggeschabt, so daß sich eine leichte Vertiefung ergibt. Die Grundierung weist im Zaun vorn, im Gewand des Einsiedlers und in den Kapellenwänden kleine braune Flecken auf.

Sorgfältige Modellierung mit dem Silberstift. Die geraden Linien in der Architektur und dem Zaungatter mit Hilfe eines Lineals wahrscheinlich mit einem Eisengriffel gerissen. Die Schattenpartien der Bäumchen sowie der geflochtene Zaun mit dem Pinsel erneuert. Dunkle Stellen wie Eingang und Fensteröffnungen der Klause ebenso wie die Hauptlinien des Eremiten, die Tiere und der Krug mit dem Metallstift nachgezogen.

Zur Ikonographie: Ein seltenes religiöses Thema, in diesem Fall genrehaft ausgeschmückt (siehe S. 44, 51).

VIIIb Drachenkampf

89 x 130 mm – Der Kreidegrund im Bereich um den Kämpfenden bis zu den seitlichen Felsformationen abgeschabt, und zwar so gründlich, daß sich in diesen Teilen eine geringe Vertiefung ergibt.

Die Darstellungen in sorgfältiger Modellierung wiedergegeben. Erneuerungen der wichtigsten Umrisse und Binnenlinien mit Metallstift. Die Lanze mit dem Lineal (wahrscheinlich mit einem Eisengriffel) in stumpfen Linien gerissen.

Einritzungen um den Kopf des Drachens. Es könnte sich hierbei um eine Korrektur seines Schädels handeln, da eine ohrenähnliche Form etwas weiter links oben sichtbar ist. Weitere Kratzspuren in der linken unteren Ecke und im Felsen neben und über dem Drachenschwanz.

Zur Ikonographie: Eine jugendliche Figur mit Schild und Lanze stößt diese in den Rachen des sich nach ihm umwendenden Drachens. Der Drachenkämpfer steht mit einem Fuß auf dem Leib des geflügelten Tieres. Von seiner Schulter und den Hüften flattern Gewandteile, was den Eindruck von heftiger Bewegung (Herbeigeeiltsein, Kampfsituation) erweckt. Am rechten und linken Rand wird die Szene von Felsformationen eingerahmt.

IXa Eine Frau mit drei Männern (Halbfigurenszene)
88 x 129 mm – Am unteren Rand links ein Riß. An der rechten Seite stark abgegriffen.

Sorgfältige Modellierung mit dem Silberstift, teilweise nachgezogen: Das Gewand der Figur rechts und die Hand auf ihrer Schulter. Bei dem Mann daneben der Bart und die Haare sowie die wichtigsten Gesichtsteile wie Augenbrauen, Lider, Pupillen, Nasenspitze, Zähne. Bei der jungen Frau vor allem die Locken, die Krone sowie Augen, Nase und Mund, die Konturen ihres Gewandes und ihrer Finger, ebenso die vordere auf ihrer Schulter liegende Hand. Beim Alten links hinter der Frau lediglich die oberen Augenlider, Pupillen, Nasenspitze und Mundlinie erneuert, so daß heute der Bart beinahe verschwunden ist.

Zur Ikonographie: Darstellung einer Zuführungsszene. Eine Frau mit entblößter Brust wird von zwei bärtigen Alten einem jungen Mann zugeführt. Wahrscheinlich eine Verlobungs- oder Hochzeitsszene. Das Thema der Kuppelei ist eher auszuschließen, denn diese war Sache der Frauen, zudem meist mit einem Hinweis auf Käuflichkeit verbunden, der in der Zeichnung fehlt (siehe S. 35, 36, 37).

IXb Fünf Köpfe
88 x 128 mm – Der Kreidegrund ziemlich stark abgewetzt. In allen Gesichtern die Pupillen, Augenlider, Mundlinien (Zähne) und Ohren mit dem Pinsel nachgezogen, beim Profilkopf mit Metallstift. Bei den drei rechten Köpfen zusätzlich noch die Nase und die Nasenlöcher. Die Gesichtskontur bei allen Köpfen außer beim Kinderkopf erneuert, ebenso die zahlreichen Falten im Profilkopf. Kopfbedeckungen und Haare größtenteils übergangen, die Haare beim Profilkopf und der Dame links mit dem Pinsel, der Pelzhut des Aufblickenden hingegen mit Metallstift.

Grobe über die Konturen greifende Einritzungen zwischen dem Kind, der Frau dahinter und dem Profilkopf.

Zur Ikonographie: Kopfstudien in unterschiedlicher Größe. In der rechten unteren Ecke eine Halbfigur einer Frau mit Gugel, die alle Merkmale eines Porträts aus der Frühzeit der altniederländischen Malerei besitzt (siehe S. 54).

Xa Marienkrönung mit vier Sirenen
90 x 130 mm – Am unteren Rand rechts und links je ein Riß. Der helle Grund mit kleinen bräunlichen Flecken überzogen. Im Hintergrund abgeschabte Grundierung, so daß das blanke Holz erscheint.

Sorgfältige Modellierung mit dem Silberstift. Spuren von roter Farbe auf der Unterlippe Gottvaters, dem Mund der Maria und im Gesicht der linken oberen

Sirene. Die horizontalen Linien im Thron mit Hilfe eines Lineals, wahrscheinlich mit einem Eisengriffel, gerissen. Nachzeichnungen in Metallstift vor allem bei den vier Sirenen, die beiden unteren weisen zusätzlich Einritzungen auf. Das Gesicht und die Vogelfüße der Sirene rechts unten nicht mehr erkennbar. Die Pupillen (zur Fixierung des Blicks), die Konturen der Finger, das Kreuz auf der Weltkugel und einige Faltenzüge mit Metallstift erneuert, die Knöpfe am Kleid der Madonna dagegen ausgekratzt.

Zur Ikonographie: Die Themenfassung zeigt den Moment der Segenserteilung nach der Krönung. Maria und Gottvater (mit Weltkugel) sitzen zueinander gewendet auf einer gemeinsamen Bank. Auf der Banklehne und vor der Bank die Sirenen. Die Kombination einer Marienkrönung mit Sirenen steht außerhalb der ikonographischen Tradition. Es ist dies ein Zeichen für den beginnenden subjektiven Umgang mit der Bildtradition (siehe S. 45, 46, 51).

Xb Ochsentreiber und Prophet in Landschaft

89 x 129 mm – Knochenmehlgrund, besonders am unteren und rechten Rand abgegriffen.

Sorgfältige Modellierung in Silberstift. Die Mehrzahl der Umrisse in mehreren Linien dicht nebeneinander mit einem Metallstift nachgezogen, so daß ein breiter Kontur entsteht. Grobe Einritzungen im Gesicht des Hirten sowie im Fell des Pudels und im Geschlechtsteil des vorderen Ochsens.

Zur Ikonographie: Der Hirte steht breitbeinig zwischen den in entgegengesetzten Richtungen stehenden Tieren. Er hält die beiden Stricke, mit denen die Ochsen an den Hörnern angebunden sind in der gesenkten Linken, während er mit der Rechten zu einem Schlag mit seinem Hirtenstab auf das vordere Tier ausholt. Dieser Ochse hat sich zu dem in der linken unteren Ecke stehenden Pudelhund umgewendet und scheint nicht weitergehen zu wollen. Das hinter dem Ochsentreiber stehende Rind hat seinen nach links schauenden Kopf wie zum Brüllen hoch erhoben. Am linken Rand ein aus einer Felsrampe als Halbfigur hervorlugender alter, bärtiger Mann, der auf die «Ochsen-Hund-Szene» mit ausgestrecktem Zeigefinger weist. Auf Grund dieser zeigenden Gestalt vermutet Kreuter-Eggemann (S. 50) in der Daliwe-Zeichnung eine Darstellung einer Sprichwortweisheit «Kraft nicht mit dummer Gewalt bezwingen wollen zu sollen». Es wäre dies eines der frühesten Beispiele von Verbildlichung eines Sprichworts – eine Gepflogenheit, die in den Niederlanden zur Zeit von Pieter Bruegel d. Ä. weit verbreitet war (vgl. sein Tafelbild «Niederländische Sprichwörter oder Die verkehrte Welt» in Berlin (West), Staatliche Museen, Stiftung Preußischer Kulturbesitz, Gemäldegalerie).

XIa Mädchen im Profil und zwei Männer (Büsten)

89 x 119 mm – Sorgfältige Modellierung mit dem Silberstift. An der rechten unteren Ecke abgegriffen. Einige Partien mit dem Silberstift nachgezogen, meist in mehreren Strichen nebeneinander. Jeweils die Pupillen, Nasenlöcher und Mundlinien, die Haare, die rechte Schulterlinie des Mannes, die Profilkontur der Frau vom Ausschnitt bis zur Nasenspitze sowie die dunkel erscheinenden Umrisse der Hand mit der Blume.

Einige grobe Einritzungen im Bart des mittleren Kopfes. Die Grundierung um den frontalen Lockenkopf entfernt, auf seiner rechten Seite deutlich weggekratzt, links dagegen nur weggewischt.

Zur Ikonographie: Die junge Frau links im Profil an einer Blume, die sie in Händen hält, riechend. Daneben die Büste eines frontal gesehenen Jünglings; vom rechten Bildrand beschnitten das Profil eines Mannes mit kurzem Bart.

XIb Vier Köpfe

88 x 119 mm – Am oberen Rand links und in der Mitte ein Sprung im Holz. Die Grundierung am oberen Rand bis zu den Konturen der Köpfe abgeschabt, an der rechten Seite abgegriffen.

Die Zeichnung teilweise mit Metallstift nachgezogen: Beim rechten Kopf nicht nur die Konturen, sondern auch die meisten Binnenlinien. Bei den drei Köpfen daneben die Augen (Pupillen und Lider), Nasenlöcher, Mundlinien, Kinn (nicht bei der hinteren Figur), Haare und Zottelmütze sowie die Hände zwischen den beiden Profilköpfen. Ausritzungen bei eben diesen Händen sowie in Gesicht, Haar, Kopfbedeckung und Gewand der Figur rechts, ferner bei den musterartig verteilten Punkten in der Zottelmütze.

Zur Ikonographie: Die vier Köpfe teilweise als Büsten wiedergegeben; sie sind vom Künstler Daliwe in pseudoszenischen Zusammenhang gebracht worden. Zwischen den beiden im Profil gegenübergestellten Männerköpfen sind zwei im Zählen begriffene Hände gezeichnet; hinter ihnen ein frontal gesehenes Gesicht. Auf der Schulter des linken Mannes im Profil liegt eine Hand, die vielleicht von dieser Figur hinter den beiden Männern stammt. Am rechten Rand ein weiterer Mann – im Verhältnis zu den beiden Profilköpfen wesentlich kleiner geraten –, der die vor ihm befindliche Figur (Profilkopf) am Kragen packt (siehe S. 34).

XIIa Heimsuchung, zwei Hirten

89 x 130 mm – Ehemalige Deckplatte. In der Mitte des unteren Randes ein Riß im Holz. Am rechten Rand abgegriffen. Ziemlich stark abgewetztes Täfelchen, so daß

die Teile, die nicht nachgezogen wurden, kaum, hingegen diejenigen, die erneuert wurden, gut sichtbar sind. Die in der Landschaft verstreuten Schafe und die Figur der Elisabeth schlecht erkennbar. Die architektonische Kulisse im Hintergrund und die Gestalt der Maria detailreich mit dem Pinsel nachgezogen. Wie schon Hasselberg und Kreuter-Eggemann bemerkten,[10] sind hier zwei Szenen übereinander dargestellt. Zuerst die Hirtenlandschaft mit den Schafen und dem architektonischen Hintergrund. In diese Landschaft wurde die Heimsuchung gesetzt. Daß dies in einer zweiten Phase geschah, kann man u.a. am Fuß des linken Hirten ablesen, der weggewischt wurde, um der Elisabeth Platz zu machen.

Zur Ikonographie: Elisabeth geht mit vorgestreckten Armen auf Maria zu und berührt zart ihren vorgewölbten Leib. Die Jungfrau, ein Buch in der Hand, rafft mit der anderen ihren herabfallenden Umhang hoch. Kopie nach einer Komposition der Brüder Limburg (Abb. S. 69). Die «Hirtenlandschaft» (das Terrain voller streumusterartig verteilter Schafe) mit zwei auf der rechten Seite aus der Zeichnung marschierenden Hirten. Die Szene der Heimsuchung wurde nachträglich in die bis zum Horizont hochgezogene Landschaft gesetzt (siehe S. 30, 42, 46, 52).

XIIb Ohne Darstellung
89 x 130 mm – Rückseite der ehemaligen Rückplatte (Beschreibung siehe S. 26).

[10] Haßelberg spricht, S. 23, von mindestens zwei, vielleicht sogar drei verschiedenen Schichten. – Kreuter-Eggemann nimmt, S. 14, an, daß auf das Täfelchen zuerst die Hirtenlandschaft gezeichnet, dann die linke Seite weggewischt, um der Heimsuchungsgruppe Platz zu machen. Da einige der Schafe unverständliche Plazierungen aufweisen (zwischen den Füßen der Hirten, zwischen den Architekturen am oberen Bildrand), vermutet die Autorin, daß es vielleicht zweierlei Hirtenszenen gegeben hat, wovon eine zu Gunsten der anderen teilweise entfernt wurde.

Größe der Tafeln und graphische Technik

Das Skizzenbuch besteht aus zwölf Buchsbaumtäfelchen von je 88 (bis 90) x 128 (bis 130) mm. Diese Maße stimmen nicht exakt mit der tatsächlichen Größe der Täfelchen überein, da sie heute fix in Rahmen montiert und folglich noch etwa 2–4 mm unter diesen verborgen sind. Laut Cennino Cennini sollten die Ausmaße eines Täfelchen an jeder Seite eine Handlänge betragen – offensichtlich, um auf dem in der Hand gehaltenen Täfelchen zeichnen zu können. Die Maße des fast zeitgleichen Buchsbaumbüchleins von Jacquemart de Hesdin betragen 70 x 129 mm, die ein Jahrhundert später zu datierenden Täfelchen von Niklaus Manuel Deutsch[11] weisen ebenfalls etwa dieselbe Größe auf.

Das Holz wurde mit einem weißen Grund aus Knochenmehl versehen,[12] der teilweise abgewetzt oder vom Künstler stellenweise selbst wieder entfernt wurde, um deutlichere Lesbarkeit oder eine gewisse Hell-Dunkel-Wirkung zu erzielen. Auf diesem hellen Grund wurde mit Silberstift in feinen, nebeneinander gesetzten Strichwiederholungen gezeichnet, so daß Modellierung und Schattierung in fließenden Übergängen von Hell zu Dunkel erscheinen. Dadurch wird die Wirkung von Grisaille erreicht.

[11] Niklaus Manuel Deutsch, zwei Skizzenbücher aus Buchsbaumholz, Basel, Kupferstichkabinett, Inv. 1662.73 und Inv. 1662.74, jeweils 6 Täfelchen, Silberstift auf weißem Kreidegrund, 121 x 86 mm und 107 x 81 mm. – Paul Ganz, Zwei Schreibbüchlein des Niklaus Manuel Deutsch von Bern, Berlin 1909 (vollständig abgebildet).

[12] Prof. Dr. Schramm, stellv. Ltr. d. Abt. Restaurierung der Hochschule für bildenden Künste Dresden führte eine chemische Untersuchung der Grundierung durch. Er entnahm dem Täfelchen IXa am unteren Rand im Bereich einer bereits dokumentierten Fehlstelle eine winzige Probe. Die Analyse lautet: «Nach meinen Ermittlungen besteht die Grundierung aus leimgebundener Knochenasche (Hauptbestandteil Calziumphosphat). Es wurde auch eine geringe Menge Bleiweiß nachgewiesen. Ob dies nun ein beabsichtigter Zustand zur Knochenaschegrundierung war, um die Grundierung in ihrer Deckfähigkeit etwas zu verbessern, oder ob dies von lavierenden Weißhöhungen stammt, die im Bereich der Silberstiftzeichnung partiell mit Bleiweiß ausgeführt sein dürften, kann von mir nicht beurteilt werden» (Brief vom 17. 2. 1987). Dieser Befund deckt sich mit dem Ergebnis der Untersuchung der Grundierung eines der in Basel sich befindenden Täfelchen von Niklaus Manuel Deutsch (siehe Anm. 10). Hermann Kühn, Die Zeichenmaterialien des Niklaus Manuel, in: Maltechnik/Restauro Jg. 88, 1982, 3, S. 175. In seinem Traktat der Malerei empfiehlt Cennini im Kapitel über die Grundierung von Holztäfelchen die Verwendung des Knochenmehls (Cap. 5, 7, 8 siehe weiter unten). Die beiden chemischen Untersuchungen belegen, daß die von Cennini empfohlene Grundierung von Holztäfelchen auch nördlich der Alpen verwendet wurde.
Zur Technik des Silberstiftes auf Holztäfelchen siehe Joseph Meder, Das Büchlein vom Silberstift, Wien 1909 (mit einer Nachbildung eines verwendbaren gotischen Silberstifts). – Joseph Meder, Die Handzeichnung. Ihre Technik und Entwicklung, Wien 1919, S. 79 ff., 164 ff. (eine grundlegende Studie mit anschaulichem Abbildungsmaterial). – E. Wiske, Die Technik des Silberstifts und ihre Entwicklung, in: Deutsche Zeitschrift für Maltechnik, Bd. 58, 1942, S. 25–31.

An manchen Stellen ist der Silberstift mit anderen Metallstiften oder manchmal auch mit Pinselstrichen übergangen und erneuert worden. Laut Meder[13] wurde der Silberstift in der Spätgotik zwar am häufigsten verwendet, aber es gab auch Griffel aus Kupfer, Gold, Bleizinn und Blei. In unserem Skizzenbuch weist der ursprüngliche Silberstift im schrägen Lichteinfall eine eher matte Oberfläche, hingegen der Metallstift, der zur Auffrischung der Zeichnungen verwendet wurde, einen glänzenden grauen Strich. Einige wenige Male wurde ein im Schräglicht golden glänzender Metallstift verwendet – wahrscheinlich ein Kupfergriffel, der üblicherweise gelb oxidiert (Tafel Ib, VIIa, VIIb).

«Tractat der Malerei» von Cennino Cennini zur Technik des Silberstiftes auf Holztafeln

In dem Traktat der Malerei von Cennino Cennini[14] wird genau beschrieben, wie man ein Buchsbaumtäfelchen grundiert und wie mit dem Silberstift umzugehen sei. Da es sich um eine zeitgenössische Quelle vom Anfang des 15. Jahrhunderts handelt, sollen die relevanten Stellen zitiert werden. Zu berücksichtigen ist, daß Cennini in der giottesken Maltradition bei Agnolo Gaddi ausgebildet wurde und diese in seinem Traktat wiedergibt. Wie sich aber an Hand der beiden franco-flämischen Skizzenbücher aus Buchsbaumholz – der einzigen erhaltenen Beispiele aus der Zeit – erschließen läßt, war die Methode, auf einem mit Knochenmehl grundierten Holz mittels Metallstiften zu zeichnen, nicht auf Italien beschränkt, sondern allgemeiner Gebrauch.

«Cap. 5. In welcher Weise man auf dem Täflein zu zeichnen beginnt und die Ordnung dessen.

... Für's erste nimm ein Täflein von Buxbaum jede Seite eine Handlänge, wohl geglättet und rein, nämlich mit klarem Wasser gewaschen, mit Pulver und Sepiaknochen gerieben und glattgemacht, und zwar mit jenen, deren sich die Goldschmiede zum Formen bedienen. Wenn nun das Täfelchen gut getrocknet ist, nimm soviel zwei Stunden wohlzermalmte Knochen, als nöthig ist, und je feiner desto besser. Dann nimm es zusammen und halte es in ein trockenes Papier ge-

[13] Joseph Meder, Die Handzeichnung, op. cit., S. 72ff.

[14] Cennino Cennini da Colle di Valdelsa, Das Buch von der Kunst oder Tractat der Malerei, übersetzt und erläutert von Albert Ilg. Quellenschriften für Kunstgeschichte und Kunsttechnik des Mittelalters und der Renaissance, Bd. I, Wien 1871 (Neudruck Osnabrück, 1970). – Zur Datierung des Traktats siehe Martin Warnke, Hofkünstler. Zur Vorgeschichte des modernen Künstlers, Köln 1985, S. 53. Warnke setzt die Abfassung des Traktats ins erste Jahrzehnt des 15. Jahrhunderts (Datierungsvorschläge in der älteren Literatur: um 1390 oder 1437).

wickelt. Und wenn du damit das Täfelchen grundiren sollst, so nimm etwas weniger als eine halbe Bohne gross von diesem Knochenstaub oder noch weniger. Mische denselben mit Speichel und fahre über das ganze Täfelchen hin, indem du mit dem Daumen ausbreitest. Und ehe es trocknet, halte das Täflein mit der Linken und schlage dermassen mit den Fingerspitzen der Rechten darauf, bist du siehst, dass es völlig trocken ist. Und so wird gleichmäßig auf allen Stellen das Knochenpulver aufgetragen.

Cap. 7. Welche Art von Knochen zum Grundiren der Tafeln gut ist.

Es ist zu wissen nöthig, welcher Knochen tauglich ist. Nimm den Knochen von den Rippen und den Flügeln der Henne oder des Kapauns. Je älter desto besser. Wie du sie unter dem Tische findest, lege sie in's Feuer und sobald du siehst, dass sie recht weiss geworden, mehr noch als Asche, so nimm sie heraus und mahle sie wohl mit dem Porphyrstein und mache davon Gebrauch, wie ich oben gesagt habe.

Cap. 8. Wie man mit dem Stifte zu zeichnen anfangen muss und bei welchem Lichte.

Auch das Bein von der Keule oder Schulter des Hammels ist gut, auf die angegebene Art gebrannt. Dann aber nimm einen Stift aus Silber oder Kupfer oder woraus sonst, nur dass die Spitze silbern sei, fein, geglättet und schön. Dann beginne nach dem Vorbilde leichte Sachen zu entwerfen, so viel du vermagst, um die Hand zu üben, und mit so leicht die Tafel berührendem Stifte, dass kaum sichtbar ist, was du zu zeichnen beginnst. Deine Striche nehmen zu, indem mehrmaliges Hin- und wiederziehen den Schatten hervorbringt. Je dunkler du die Schatten an den Umrissen haben willst, um so häufiger kehre zurück und gehe im entgegengesetzten Falle, wenig über die lichten Stellen. Und es seien, auf dass du solches ersehen könnest, das Sonnenlicht, dein Augenlicht und deine Hand Wegweiser und Führer; denn ohne diese drei Dinge lässt sich nichts recht unternehmen. Aber sieh zu, dass, wenn du zeichnest, du gemässigtes Licht habest und die Sonne dir von links das Licht herwerfe. Und auf solche Art fange an, im Zeichnen dich zu üben.»

Aus dem Traktat des Cennino Cennini wird ersichtlich, daß das Zeichnen mit einem «Stift aus Silber oder Kupfer» auf Holztäfelchen zur ersten Stufe der Ausbildung gehörte. Die Beschreibung dieser Technik nimmt die ersten, der praktischen Unterweisung gewidmeten Kapitel 5–8 ein. Erst danach wird das Zeichnen mit der Feder auf Papier beschrieben. «Hast du in dieser Uebung (auf Täfelchen zu zeichnen) ein Jahr hingebracht, oder mehr oder weniger, je nach dem du Lust und Freude gefunden, so kannst du einige Male auf Papier mit der Feder zeichnen» (Cap. 13, siehe auch Cap. 27). Die Holzbüchlein wurden offensichtlich gern für

Lernzwecke und als Musterbuchsammlung verwendet, waren also sehr verbreitet. Sie sind jedoch in der Aufbewahrung anspruchsvoller, weil fragiler als Pergament und Papier. Dies ist mit ein Grund dafür, warum nur insgesamt vier Exemplare erhalten sind: Die beiden franco-flämischen Beispiele um 1400 und zwei «Schreibbüchlein» von Niklaus Emanuel Deutsch vom Anfang des 16. Jahrhunderts. In Inventaren hingegen finden sich öfters Erwähnungen von Tavoletten wie «hülze Schreibtafel, ain gemalts püechl mit hülzenen platten» oder «une tablette de bois».[15] Nach der ersten Hälfte des 16. Jahrhunderts wurden Holzbüchlein als Vorlagensammlungen für den Bereich der Malerei kaum mehr verwendet.

Hell-Dunkel-Modellierung mit Silberstift und Pinselfärbelung

Der Silberstift, mit dem eine grisailleartige Wirkung erzielt wurde, erlaubte sanfte Übergänge vom Hellen ins Dunkle. Die Plastizität und das Volumen der Objekte kann dadurch herausgearbeitet werden. Es ist eine Technik, die den realistischen Tendenzen der Zeit entgegenkommt. Bei den Gesichtern beispielsweise kann das Gesichtsrelief detailreich wiedergegeben werden.[16] Ebenso kann gewisse Stofflich-

[15] Im Ambraser Inventar von 1596 werden erwähnt «Ain hilzenes püechl in seinem fueteral, die plätlen von holz und alle an einander» und «Aber ain solliches püechl, so clainer mit aim messingen still», ferner «Ain alts gemalts püechl mit hülzenen platten darinnen der ganze passion gemalt», Jahrb. d. kunsthist. Samml. d. Allerhöchsten Kaiserhauses, Regesten VII, 1886, S. CCCX, fol. 472 und S. CCLIX, fol. 253. – In den Imhof-Verzeichnissen des Dürerschen Nachlasses: A. von Eye, Leben und Wirken A. Dürers, Nördlingen 1860, Übersichtstafel, Verzeichnis des Willibald Imhof d. Ä. 1573/1574, Nr. 62 «Ittem 2 hülze Schreibtafel darein Albrecht Dürer mit Einen Silbaren Griffel hett geryssen», dasselbe Objekt wird 1580 (Nr. 62) im Inventar der Erben von Willibald Imhof folgendermaßen beschrieben «Item Zwo hültzene Tafel mit etlichen Prettern, darein Albrecht Dürrer von der Handt mit einem silbern griffel gerissen». – Im Inventar von 1524 der Margarethe von Ungarn werden zwei Musterbücher angeführt «Item une petite tablette de bois, a 10 fiullets, en laquelle il y a plusieurs paincture de patrons, bien fectes au pinceau» und «Item une aultre tablette de bois, a 9 fiulletz, semblablement a paincture comme patrons, fectes au pinceau», Jahrb. d. kunsthist. Samml. d. Allerhöchsten Kaiserhauses, Regesten III, 1882, 2979, Nr. 261, 262.

[16] Der Silberstift wurde vorzugsweise für Porträtzeichnungen verwendet, vgl. u. a. Meister des Hausbuchs, Holbein d. Ä., Albrecht Dürer (frühes Selbstporträt von 1484, Skizzenbuch der niederländischen Reise von 1520/21), im niederländischen Kunstkreis Jan van Eyck (Nicholas Kardinal Abergati) Eyck-Kreis oder Gerard David.

keit, wie ein hauchzarter durchsichtiger Schleier oder die unterschiedliche Beschaffenheit von Haaren, Fell und Federkleid differenzierter als in Federzeichnung dargestellt werden.

Bei einer ganzen Reihe von Szenen wurde vom Künstler die helle Grundierung weggeschabt. Zumeist um eine gewisse Lichtwirkung zu erzielen wie beim Täfelchen des Schmerzensmannes, wo rechts und links von der weißen Engelsgloriole der holzfarbene Grund sichtbar und Christus als helle Erscheinung und entsprechender Bedeutungsträger wiedergegeben wird (IIIa). Auf dieselbe Weise ist die Erscheinung des Herrn bei der Gottvatergloriole der Verkündigung hervorgehoben (IVb). Bei einer Reihe von Täfelchen erhöhen die weggewischten Hintergrundpartien die Lesbarkeit des Dargestellten, da helle Figuren gegen den Holzgrund stehen: So wurden bei dem Drachentöter der weißliche Grund in der unmittelbaren Umgebung der Figur entfernt (VIIb), der Hintergrund in der Marienkrönung (Xa), der Himmel in der Einsiedlerszene (VIIIa). Bei einer ganzen Reihe von Halbfigurenszenen (IVa, Va, VIb) sowie beim Täfelchen mit dem Adler und Schwan (VIIb) wurde die helle Grundierung der Hintergründe entfernt, so daß das blanke Holz zum Vorschein kommt, gegen das sich die Zeichnungen beinahe silhouettenhaft abheben.

Anders verhält es sich mit der Dame, die an einer Blume riecht (XIa). Um ihr weißes Inkarnat hervorzuheben, wurde auf der rechten Seite ein dunkel schraffierter Grund angelegt, vor dem sich nicht nur ihr Profil, sondern auch die Hand und die Blume gut abheben. Umgekehrt ging der Künstler bei dem männlichen Kopf auf derselben Tafel vor, hier schattierte er nicht, sondern setzte dunkle Locken und Inkarnat gegen den hellen Grund. Dieser Unterschied in der Hautfarbe von Mann und Frau entspricht der Norm, weibliche Köpfe hell, die Männer hingegen dunkel durchzumodellieren. Bei dem Täfelchen mit der Verkündigung und dem Evangelisten Lukas erwecken die hellen und dunklen Flächen den Eindruck eines einheitlich von rechts durchgezogenen Lichteinfalls (IVb).

Das Hell-Dunkel wird auch im Dienste des Schichtenraums und dessen besserer Lesbarkeit eingesetzt. In der Greifenszene wurde der helle Grund im vorderen Landschaftsstreifen entfernt, wodurch sich die vordere Zone von der anschließenden Landschaftstapete abhebt (Va). Beim Ochsentreiber ist das vordere Tier hell gegen das hintere abgesetzt, ebenso der Prophet gegen den dunklen Grund, beim Pudel hebt sich hingegen das dunkle Zottelfell vom hellen Grund ab (Xb).

An manchen Stellen wurde Pinselgold oder wenig Farbe verwendet, Gold für die Heiligenscheine der Evangelisten Matthäus und Markus, für den Kreuznimbus von Christus zwischen zwei Jüngern (Ib, Va). Manchmal wird auch das gelbliche Holz als Farbe eingesetzt, etwa beim Nimbus der Verkündigungsmadonna und dem Evangelisten Lukas auf demselben Täfelchen (IVb). Gold findet sich außerdem für den Schmuck der drei modisch gekleideten Damen, blaue und rote Farbe für die Blumen und die Miederschnur derselben Damen. Bei einigen der Halbfigurenszenen sind die Lippen mit etwas Rot angefärbelt. Es ist bezeichnend, daß sich die wenigen Farbspuren gerade bei modischen Details finden und zur Verlebendigung einiger Gesichter beitragen, denn zeitgleiche farbige Vorlagenzeichnungen haben sich vor allem für Mode-[17] aber auch für Naturstudien (beispielsweise die lombardischen Tierstudien) erhalten.

Ursprüngliche Bindung und Anzahl der Tafeln

Die ursprüngliche Bindung erfolgte wahrscheinlich mittels Lederstreifen, die die Täfelchen auf der Längsseite zusammenhielten. Auf diese Weise sind die Täfelchen der Pierpont Morgan Library zusammengefügt, wobei es sich dort um die ursprüngliche Bindung handelt (Abb. 73, 74, 75). Bei unserem Skizzenbuch sind die beiden äußeren Täfelchen erhalten, daran erkenntlich, daß sie keine Darstellungen und keine Grundierung aufweisen und im Gegensatz zu den übrigen planen Täfelchen eine leicht gewölbte Holzoberfläche besitzen (Ia, XIIb). Bei den beiden Außentäfelchen ist an je einer Längsseite eine Klebespur sichtbar, d. h. ein heller Holzstreifen, an dessen Rand deutlich Schmutzspuren sichtbar sind. Dieser Tatbestand deutet auf die ehemalige Existenz eines Klebebandes (Leder oder Pergament), das die beiden Deckel und die dazwischen liegenden Täfelchen zusammenfaßte. Dieses Band war nicht ganz parallel, sondern etwas schief angebracht, so daß es an der einen Deckplatte mehr, an der anderen weniger überstand. Klebespuren dieser Bindungsart finden sich jedoch ausschließlich auf den beiden Au-

[17] Einige Beispiele von Modestudien: Gentile da Fabriano, Stehende Dame, Paris, Louvre, Inv. 20.693. (Bernard Degenhart Annegrit-Schmitt, Corpus der italienischen Zeichnungen 1300–1450. Teil I: Süd- und Mittelitalien, Berlin 1968, Kat. 125, Abb. 173b). – Sitzende Dame mit Falken und Hündchen, Paris, Louvre, Inv. 20.692. (Grete Ring, A Century of French Painting 1400–1500, London 1949, Kat. 40, Taf. 12). – Giovannino de'Grassi, Skizzenbuch, Bergamo, Biblioteca Civica, Cod. Δ VII, ff. 3v, 4r (Giovannino de Grassi, Taccuino di disegni, Monumenta Bergomensia V, Bergamo 1961, Faksimile). – Skizzenbuch in den Uffizien, Verkündigungsengel, Inv. 2273 F r (die einzige farbige Zeichnung des Skizzenbuchs, bezeichnenderweise eine Modestudie im religiösen Gewand), dazu: Ulrike Jenni, Das Skizzenbuch der internationalen Gotik in den Uffizien. Der Übergang vom Musterbuch zum Skizzenbuch, Wien 1976, S. 12, Taf. 23.

ßenseiten, nicht aber auf den Täfelchen mit Zeichnungen. Hingegen weisen die sechs New Yorker Täfelchen, die in Buchform erhalten sind, durchgehend diese «Klebestreifenbindung» auf. Daß die Innentafeln des Daliweschen Skizzenbuches keine Klebespuren aufweisen, kann drei Ursachen haben: 1. Die Tafeln wurden «beschnitten». 2. Mögliche vorhandene Klebespuren sind durch die heutige Montierung verdeckt. 3. Die Innentäfelchen waren in anderer Weise gebunden.

Skizzenbücher, deren Blätter nicht aus Papier oder Pergament, sondern aus Holztäfelchen bestehen, können aus technisch-praktischen Gründen keine umfangreiche Seitenanzahl aufweisen, ebenso wie ihre einzelnen Täfelchen nicht sehr groß sein können. Das Musterbuch in der Pierpont Morgan Library enthielt mindestens sieben Täfelchen, das vor einigen Jahren wieder aufgetauchte Fragment miteinbezogen.[18] Die beiden Büchlein von Niklaus Manuel Deutsch umfassen jeweils sechs Tafeln; das vorliegende Skizzenbuch des Jaques Daliwe hingegen zwölf Stück, es ist somit das umfangreichste der erhaltenen Beispiele. Im Inventar der Margarethe von Ungarn (1524) werden Holzbüchlein mit neun und zehn Täfelchen (vgl. Anm. 15) aufgezählt. Es kann folglich mit gutem Grund angenommen werden, daß wir im vorliegenden Fall wahrscheinlich ein *vollständiges Skizzenbuch* vor uns haben.

Überzeichnungen im Skizzenbuch

Die Auffrischungen von Vorlagenzeichnungen war eine übliche Vorgangsweise, um teilweise unleserlich gewordene Muster für den weiteren Gebrauch zu retten. Diese Methode fand in beinahe jedem Musterbuch oder frühem Vorlageblatt Verwendung. Üblicherweise wurden solche Überzeichnungen in Feder durchgeführt, die Wahl von Metallstift und Pinsel bei unserem Skizzenbuch ist durch den Zeichnungsträger Holz bestimmt. Die Behauptung von Kreuter-Eggemann, daß keine Überzeichnungen oder Ausbesserungen zu sehen sind, entspricht nicht den Tatsachen. Fast durchweg sind in den Gesichtern, insbesondere bei den Kopfstudien und Halbfiguren die Pupillen erneuert, damit der Blick und die Blickrichtung festgehalten werden, ferner die Augenlider, oft auch die Brauen, die Nasenspitze und Nasenlöcher, die Ohren sowie die Mundlinie zwischen den Lippen – wenn Zähne sichtbar, auch diese. In der Regel wurden die Haare und der Bart nachgezogen, sehr oft auch die Konturen der Figuren, Tiere und sonstigen Gegenstände, nicht selten auch die wichtigsten Binnenlinien. Darstellungen, die nicht übergangen wurden, sind meist nicht mehr gut zu sehen, mit der Ausnahme von Partien,

[18] William Voelkle, Two Drawings for the Boxwood Sketchbook in the Pierpont Morgan Library, in: Gesta, XX, 1981, S. 243–245.

die sorgfältige Silberstiftmodellierung mittels vieler Striche neben- und übereinander aufweisen, aus diesem Grund meist weiterhin erkennbar blieben und deshalb nur selten erneuert wurden. Die Erhaltung der Lesbarkeit konzentrierte sich vor allem auf die Umrisse, die wichtigsten Binnenlinien und Gesichtsdetails wie Augen, Nase, Mund. Auf vielen Täfelchen gibt es Einritzungen; diese sind allem Anschein nach später als die Metallstift- und Pinselüberzeichnungen, da sie wesentlich weniger einfühlsam, manchmal grob und ohne Rücksicht auf das Dargestellte, hinzugefügt wurden.

Als Fazit dieser ganzen Sachlage muß gesagt werden, daß *der allgemeine Erhaltungszustand als gut bezeichnet werden kann.* Dadurch, daß ein Großteil der Zeichnungen meist behutsam – vielleicht von Jaques Daliwe selbst – übergangen wurde, sind die Darstellungen noch gut «lesbar». Der helle Knochengrund ist teilweise abgewetzt, vor allem an den Rändern. Einige Täfelchen haben am oberen und unteren Rand Risse, die jedoch in keinem Fall durch das Holz hindurchgehen, so daß sie an der anderen Seite auch sichtbar würden. Die Risse deuten auf den Verlauf der Maserung, die ebenso wie bei Jacquemart de Hesdin in der Längserstrekkung der Täfelchen verläuft.

Zu den zwei gotischen Schriftzügen – sog. Signatur

Auf dem Täfelchen mit den Evangelisten Matthäus und Markus (Ib) befindet sich am unteren Rand rechts ein Namenszug in gotischen Minuskeln, dessen erstes Wort eindeutig als «Jaques» gelesen werden kann. Beim folgenden Wort sind verschiedene Lesearten vorgeschlagen worden (z. B. Kreuter-Eggemann «dal...ye»). Ich meine, daß «daliwe» tatsächlich dem vorhandenen Schriftzug entspricht. Der Grund für die unterschiedlich gute Lesbarkeit von Vor- und Nachname liegt in der unterschiedlichen Art der Erneuerung, die einmal die Buchstaben des Namenszuges ausfüllte, das andere Mal die Umrisse nur teilweise nachzog.[19] Jaques Daliwe wurde als Besitzer oder als Autor des Skizzenbuches angesehen. In dieser Studie wird er – wie in der Literatur üblich – als Künstler geführt. Bis heute konnte jedoch *keine der Lesevarianten urkundlich faßbar* gemacht werden.

Den Schriftzug am linken oberen Rand des Täfelchens mit Christus zwischen zwei Aposteln (Va) liest Kreuter-Eggemann als «Gratien Jeha»,[20] dem kann ich nicht folgen, das zweite Wort ist «... Joha».

[19] Zum Problem der Lesung der Namenszüge siehe Haßelberg, S. 13. – Kreuter-Eggemann, S. 12, – Köllner, op. cit., S. 68.

[20] Kreuter-Eggemann, S. 24.

Die Zeichnungen sind ein Produkt des Internationalen Stils, einer Umbruchzeit, der das Nebeneinander von Konvention und Neuerung eigen ist. Das Skizzenbuch enthält eine Reihe von Täfelchen, deren prononcierter Realismus eine intensive Auseinandersetzung mit der erschauten Wirklichkeit voraussetzt. Besonders in den Halbfiguren- und Kopfstudien zeigt sich das Bemühen um eine porträthafte Wiedergabe von einzelnen Köpfen. Die Szenen mit Halbfiguren bringen lebendige Einblicke in die Beziehungen der Menschen zueinander, in soziale und gesellschaftliche Verhältnisse.

Die Daliwe-Zeichnungen werden in der sehr sorgfältig gearbeiteten Studie von Kreuter-Eggemann mit Recht dem *Künstlerkreis um den Herzog von Berry* zugeordnet. Jean de Berry, der große Kunstmäzen, beschäftigte eine Schar von Künstlern aus den verschiedensten Regionen. An seinem Hof und in seinem Umkreis begegneten sich – einem Schmelztiegel gleich – Künstler unterschiedlicher Herkunft und künstlerischer Traditionen. Am bekanntesten sind die Brüder Limburg, die aus Nijmegen im damaligen Herzogtum Geldern nach Paris kamen, zuerst für den burgundischen Herzog Philipp den Kühnen tätig waren (1402–1404), nach dessen Tod in den Dienst des Herzogs von Berry traten und in Bourges und Paris, den bevorzugten Aufenthaltsorten des Herzogs nach der Jahrhundertwende, arbeiteten.[21] Pol Limburg und seine Brüder sind prominentes Beispiel einer ganzen Reihe von niederländischen Künstlern, die seit dem dritten Viertel des 14. Jahrhunderts am französischen Königshof in Paris und den reichen Fürstenhöfen in Bourges, Portier, Angers und Paris (Vincennes) Aufträge suchten und fanden. Jaques Daliwe ist einer davon.

Im folgenden soll der nordischen, der flämischen, Komponente von Daliwes Schaffen besonderes Augenmerk gewidmet werden, da dieses Element trotz des Aufenthalts in Frankreich in Daliwes Zeichnungen vorherrschend blieb. In der Monographie von Kreuter-Eggemann wird dieser Frage zu wenig Bedeutung zugemessen. Obwohl seine Herkunft aus den Niederlanden für die Autorin feststeht, wird das französische Elemet stark hervorgehoben.[22] Der Charakter des Skizzenbuches ist kein ausgesprochen höfischer, wie ihn vergleichsweise das Vorlagenbüchlein von Jacquemart de Hesdin oder die Limburgischen Prachtkodizes

[21] Millard Meiss, The Limbourgs and their Contemporaries. French Painting in the Time of Jean de Berry, London-New York 1974, S. 67ff.

[22] Es sei auf ein äußeres Merkmal verwiesen: Von den 89 Vergleichsabbildungen in der Monographie von Kreuter-Eggemann sind lediglich 7 von niederländischen Kunstwerken (Abb. 37, 38, 55, 65, 68, 75, 76).

zeigen. Vielmehr herrschen in den Daliweschen Zeichnungen die realistischen Tendenzen vor, die vor allem auf den niederländischen Ursprung seiner Kunst zurückgeführt werden können.

Zeichnungen nach Kompositionen der Brüder Limburg

Schon von Kreuter-Eggemann wurde herausgearbeitet, daß Daliwe einige Zeit im Werkstattverband der Brüder Limburg tätig war. Anhaltspunkte dafür sind die beiden Kopien nach Limburgischen Kompositionen, der Geißelung und der Heimsuchung. Maria und Elisabeth der Heimsuchungsszene sind bei Daliwe in eine schon vorhandene Hirtenlandschaft hineingezeichnet (XIIa). Ihr Vorbild findet sich in den Belles Heures (Abb. S. 69). Die Jungfrau mit einem Buch in der Hand rafft mit der anderen den herabfallenden Umhang hoch. Elisabeth, eine Profilgestalt, geht mit vorgestreckten Armen auf sie zu. Diese Motive sind in beiden Darstellungen identisch, trotzdem erfahren die Gestalten beim Kopieren wesentliche Veränderungen, die symptomatisch für die Kunst Daliwes sind: Die elegant überlängten, kurvenlinearen Gewandfiguren werden auf erdhafte, schwerere Proportionen gebracht. Die ältere Frau trägt kein idealisierendes, zeitloses Gewand mehr, sondern ein zweckmäßiges, fußfreies Kleid ohne Faltenausläufer am Boden. Vom Gürtel hängen aumonière (Geldbeutel) und chatelaine (Schlüssel), äußere Zeichen für Aufgabenbereiche und damit teilweise bevorzugte rechtliche Stellung der Bürgersfrau. Während die Begegnung der beiden Frauen in der Limburgischen Miniatur formelhaft verläuft, wird bei Daliwe die Beziehung der Gestalten zueinander thematisiert. Elisabeth mit dem zum Sprechen geöffnetem Mund berührt zart den vorgewölbten Leib Marias. *Die Konzentration auf die Figuren, ihr Kontakt untereinander sowie ihre Individualisierung – in die Geschautes und Erlebtes unmittelbar einfließt – sind die Hauptanliegen von Jaques Daliwe.*

In der Zeichnung der Geißelung (IIa) kombinierte Daliwe zwei Kompositionen der Limburgs: die Geißelungsszene aus den Belles Heures und die aus dem Seilernschen Stundenbuch (Abb. S. 70, 71). Aus der Seilernschen Geißelung wurden alle Figuren übernommen: der hinter der Martersäule stehende Christus, die beiden geißelschwingenden Schergen, der eine rechts vorn als Rückenfigur, der andere diagonal ihm entsprechend links neben Christus, ebenso der am Boden Hokkende, der heftig an dem Seil zerrt, mit dem er dabei ist, die Beine Christi an die Säule zu binden. Er hat einen Helfer bekommen, der hinter Christus am anderen Ende des Strickes zieht, er stammt aus der Geißelung der Belles Heures, ebenso wie der Geißelnde am linken und die beiden ins Gespräch vertieften Männer am rechten Tafelrand. Lediglich der ruteschwingende Alte rechts neben Christus ist keine direkte Kopie.

Obwohl Daliwe nur die Figuren und nicht den sie umgebenden Innenraum verwendete, ist die Vorstellung einer seichten Raumbühne durch die Körpervolumina, das Davor und Dahinter der einzelnen Figuren, gegeben. Allerdings wird diese gewisse Räumlichkeit durch das horror-vacui-hafte Anfüllen des Täfelchens mit Personen wieder zurückgenommen. Auch dies ist wieder ein charakteristisches Abweichen vom Vorbild. Daliwes Interesse an der Figur bewirkt ein Desinteresse am Freiraum. Wie bei der Heimsuchung sind auch hier die Gestalten gedrungener als in der Vorlage. Christus ist direkt an die Säule gedrängt, nichts findet sich von der beinahe tänzelnden Manier der Seilernschen Figur. Es ist anzunehmen, daß Daliwe zuerst die Figuren der Seilernschen Geißelung zeichnete, da beispielsweise der wegflatternde Gewandzipfel des Schergen links neben Christus die Nachbarfigur am linken Rand überschneidet, obwohl erstere räumlich eindeutig hinter der Randfigur plaziert ist. Wie schon Kreuter-Eggemann vermutet hat, kopierte Daliwe aus zwei Szenen und nicht aus einer einzigen, die eine von den Limburgs zusammengestellte, im Original nicht erhaltene Fassung hätte gewesen sein müssen.

Die Belles Heures des Herzog von Berry werden von Meiss sehr früh, zwischen 1405 und 1408 angesetzt, in der älteren Literatur hingegen in die Jahre zwischen 1410 und 1413.[23]

Das Stundenbuch im Besitz des Grafen Seilern, das in der Werkstatt der Limburgs entstand, wird um 1415 datiert. Meiss bezeichnet den Meister als «Seilern Master», der Vorbilder sowohl aus den Belles Heures, den Très Riches Heures als auch von Jacquemart de Hesdin aus dem Brüsseler Stundenbuch verwendete.[24] Als Anhaltspunkt für die Datierung der Daliweschen Zeichnung der Heimsuchung ergibt sich somit ein terminus post quem von 1408 bis 1413 und für die Geißelungsszene einer von 1415.

[23] Meiss, The Limbourgs, op. cit., S. 103ff., datiert die Belles Heures von zirka 1405 bis 1408/1409 auf Grund der Identifizierung der Handschrift mit derjenigen in der vierten Rechnungsliste von Robinet d'Estampes als «une belles Heures» erwähnte. In der Literatur vor Meiss wird die Handschrift zwischen 1410–1413 (sie ist im Inventar von 1413 erwähnt) datiert, siehe Jean Porcher, Les Belles Heures de Jean de France, Paris 1953.

[24] Meiss, The Limbourgs, op. cit., S. 237ff., Anm. 692, datiert das Seilernsche Stundenbuch nicht vor 1415. Meiss erwähnt noch eine Reihe weiterer Handschriften, in denen Kompositionen der Limburgs kopiert wurden. – Porcher, Les Belles Heures, op. cit., S. 7, 23f.

Es entspricht der Liebe zum realistischen Detail und zur genrehaft ausgeschmückten Szene, daß das Anbinden von Christus an die Martersäule von Daliwe zu einer am Boden sich abspielenden Nebenszene ausgebaut wurde. Das Motiv des Anbindens verwendete der Künstler auch bei den Händen Christi. So hält die Rückenfigur des Geißelnden rechts statt der Rute wie in der Seilernschen Vorlage das von den gefesselten Händen herabhängende Seil, ein Motiv, das etwas abgewandelt auch in der vor 1416 entstandenen Geißelungsszene der Très Riches Heures vorkommt.[25] Im Passionsteppich von Saragossa findet es sich ebenfalls, allerdings zerrt der Scherge nur am Seil und schwingt nicht zugleich eine Rute wie bei den anderen Vergleichsbeispielen. Die Figur des hinter Christus am Boden Hokkenden kommt auch in einem französischen Email vor und ist in diesem Medaillon versatzstückartig von Christus weg auf die rechte Seite gerückt worden.[26] Mit der Kunst Jaques Daliwes verbindet diese beiden Vergleichsbeispiele (Tapisserie und Email) außer den ikonographischen Details eine gemeinsame Drastik und Eindringlichkeit der Gesichter sowie eine ausgeprägte Gebärdensprache. Es sind Werke, die unter starkem niederländischen Einfluß entstanden.

Halb- und Dreiviertelfigurenszenen

Diese Gruppe der Zeichnungen umfaßt drei Halbfigurenszenen (Va, VIb, IXa) und eine Komposition mit Dreiviertelfiguren (IIIb), ferner zwei Täfelchen, auf denen Halbfiguren und Büste in pseudoszenischen Kontakt treten (VIa, XIb). Von den reinen Kopfstudien zu den Zeichnungen mit szenischen Zusammenhängen gibt es fließende Übergänge. So scheint es sich auf der Tafel mit der höhnenden Gebärde um einen Streit zu handeln (VIa).[27] Im Vergleich zu den eindeutigen

[25] Meiss, The Limbourgs, op. cit., Abb. 584.

[26] Roger A. d'Hulst, Flämische Bildteppiche, Brüssel 1961, Nr. 5, S. 33–40, nimmt die Entstehung der beiden Passionsteppiche in Arras an, vergleicht sie mit den Teppichen der Heiligen Piatus und Eleutherius in der Kathedrale von Tournai, die für Arras 1402 gesichert sind (Nr. 3, S. 17–24), datiert die Tournaiser Tapisserien jedoch etwas später, ins erste Viertel des 15. Jahrhunderts. – Medaillon in Goldemail, Geißelung Christi, Paris, Musée du Louvre, Département des Objects d'Arts, Inv. 2604, französisch um 1410. Abgebildet im Katalog Kunst um 1400, Wien 1962, Nr. 469, Abb. 35 und bei Meiss, The Limbourgs, op. cit., S. 93f., Abb. 370.

[27] Kreuter-Eggemann, S. 35. «Die Feige oder Fica» war eine derbe Gebärde des Verspottens, «das heiszt aber ein feig, wenn sie den daumen durch die zwen finger stoszen»; J. und W. Grimm, Deutsches Wörterbuch, Bd. 3, Leipzig 1862, Sp. 1444.

Halbfigurenszenen ist das ungleiche Größenverhältnis von Händen zu Köpfen auffallend. Die Hände sind winzig. Mit ihren außergewöhnlichen Haltungen – Verspottungsgeste und im Zählen begriffene Hände – sind sie auch als Exempla anzusehen, ähnlich wie auf einem wahrscheinlich burgundischen Musterbuchblatt in Erlangen[28], auf dem zwölf verschiedene Studien von Händen festgehalten sind.

Zusammen mit den Kopfstudien (siehe S. 53ff.) umfassen die Halbfigurenszenen den größten Teil der Täfelchen, insgesamt zehn Zeichnungen. Sie dokumentieren das besondere Interesse von Jaques Daliwe an der Physiognomie, an einer porträthaften Wiedergabe von Gesichtern, an den Möglichkeiten der Darstellung zwischenmenschlicher Beziehungen. Zudem wird eine ganz neue Bildform – das Halbfigurenstück – präsentiert. Auf Grund dieser fortschrittlichen Elemente sind diese Täfelchen eher spät, *gegen 1420*, zu datieren.

Im folgenden geht es nicht so sehr darum, Vorlagen oder Parallelen zu den einzelnen Köpfen zu suchen – diese Aufgabe hat Frau Kreuter-Eggemann mit ihrer reichen Materialkenntnis in vielen Detailbeobachtungen bestens erfüllt,[29] sondern um die Charakterisierung der Halbfigurenszenen, der Frage nach der Herkunft der vorgebrachten Kunstauffassung und der neuen Kompositionsidee eines Halb- und Dreiviertelfigurenbildes.

Auffallend ist, daß die Täfelchen meist bis zum Rand mit Zeichnungen angefüllt werden, zum Teil mit überschnittenen Köpfen, so daß der Eindruck von Horror vacui entsteht. Die Figuren sind zumeist in zwei eng hintereinander liegenden Schichten aufgebaut. Wie in der Darstellung der Geißelung (IIa) entsteht Raum durch Überschneidungen von Körpern (siehe S. 30). Helle und dunkle Partien der Zeichnung lassen den Schichtenraum besonders gut zur Geltung kommen, etwa wenn dunkle Köpfe vor hellen Grund gesetzt werden bzw. umgekehrt oder wenn zwischen hellen Köpfen dunkle hervorlugen. Die Gesichter und Gewandpartien sind nicht flach, sondern fein modelliert, so daß die Körperhaftigkeit spürbar wird, die allerdings durch die bevorzugte Frontal- bzw. Profildarstellung der Figuren teilweise zurückgenommen wird. Das schräg in die Tiefe gewandte Dreivier-

[28] Musterbuchblatt mit zwölf verschiedenen Handstudien, Erlangen, Universitätsbibliothek, B 3, burgundisch vom Anfang des 15. Jahrhunderts (mit der Dionysiustafel im Louvre zu vergleichen). Abgebildet in dem Katalog der Staatlichen Graphischen Sammlung München. Altdeutsche Zeichnungen aus der Universitätsbibliothek Erlangen, München 1974, Kat. 3, Abb. 15.

[29] Kreuter-Eggemann, S. 25–49. Die Herkunft der verschiedenen Kopftypen zu erforschen, nimmt einen breiten Raum ein.

telprofil – Tiefenzug andeutend – wird selten verwendet. Schwierigkeiten ergeben sich für den Betrachter in der sogenannten Präsentationsszene (IIIb) bei der Zuordnung der Hände in dem gitterartigen Davor und Dahinter von Armen und Händen, speziell ober- und unterhalb des Unterarms der sich entkleidenden Frau. Nach eingehender Betrachtung wird klar, daß es sich um die Hände der mittleren Dame handelt, die mit ihrer Rechten zum Gürtel ihrer Nachbarin greift und in ihrer Linken eine blaue Blume hält. Einige Male, und zwar bei den pseudoszenisch zusammengefügten Köpfen und Halbfiguren, ist nicht eindeutig festzustellen, von welcher Figur eine Hand stammt, etwa die Hand mit der Verspottungsgeste (VIa) oder die drei Hände zwischen den beiden Profilköpfen (XIb).

Die Kontaktnahme der Figuren untereinander ist vielfältig, facettenreich und sehr lebendig. Vor allem die Gebärdensprache, aber auch der Blickkontakt und der sprechend geöffnete Mund spielen dabei eine wesentliche Rolle. Diese für die Erzählweise von Daliwe typischen Mittel werden sehr direkt eingesetzt, etwa wenn eine der Halbfiguren den Nachbarn an seiner Schulter packt oder an seinem Gewand zerrt (VIa). Stets unterstreichen die Gesten den Inhalt der Szene. Die Intensivität des Gesprächs von Christus und den beiden Aposteln (Va) wird durch die Handbewegungen und den mit sichtbarer Zahnreihe geöffneten Mund der beiden Jünger verdeutlicht. Petrus im Profil weist wie zur Beteuerung seiner Worte auf seine Brust. Der frontal ausgerichtete Christus wendet seinen Blick seitlich, Petrus zu. Seine Segensgeste, Standardmotiv für Christus, kann im Zusammenhang der realistischen Gesprächswiedergabe auch als beschwichtigende Handbewegung verstanden werden, d. h. von einer religiösen Pathosformel ins Alltägliche umgedeutet worden sein. Der Apostel rechts mit gesenktem Blick, im Sprechen leicht vorgeneigt, schiebt seine Hand behutsam aus dem Umhang. Man wird an die Bibelstelle mit dem Gespräch zwischen Petrus und Christus während des Abendmahls erinnert, in dem Petrus beteuert, daß er sich nicht über Christus ärgern will und dieser ihm voraussagt, daß Petrus ihn in der kommenden Nacht dreimal verleugnen wird. Wilken interpretierte die Szene als Berufung von Andreas und Petrus.[30] Dieses Beispiel zeigt, daß durch die Intensität der Kontaktaufnahme der Figuren und die ausdrucksgeladenen, psychisch differenzierten Köpfe das Dargestellte soweit konkretisiert wurde, daß auch der Betrachter versucht ist, der «konkreten» Darstellung ein konkretes Thema zu unterlegen.

[30] Die Vorraussagung der Verleugnung Petri kommt in den Evangelien an folgenden Stellen vor: Matthäus 26, 33–34, Markus 14, 29–30, Lukas 22, 34, Johannes 13, 38. – Wilken, op. cit.

In den drei anderen Halbfigurenszenen wird ein verwandter Themenkreis behandelt. Ganz allgemein geht es um erotische Beziehungen zwischen Frauen und Männern. Das eine Mal entkleidet sich eine Frau, sie ist dabei, ihr Miederband im Beisein zweier Gefährtinnen und dreier Männer zu lösen (IIIb), das andere Mal knöpft sich ein junges Mädchen im Beisein zweier Männer ihren Ärmel auf oder zu (VIb), in der dritten Szene wird eine Frau mit entblößter Brust von zwei bärtigen Alten einem jungen Mann zugeführt (IXa). Eine Fixierung des speziellen Themas dieser Zeichnung (und auch der beiden anderen) ist schwierig, doch kann der allgemeine Inhalt dank der beredten Blick- und Gebärdensprache herausgelesen werden. In der Zuführungsszene wird die Frau mit der entblößten Brust von zwei Händen der beiden hinter ihr erscheinenden Alten bei der Schulter gepackt. Der Bärtige in der Mitte führt das Paar zusammen, indem er auch den jungen Mann an der Schulter nimmt. Formal wird diese Zuführung durch seinen (die beiden verbindenden) schräg drapierten Umhang betont. Der junge Mann mit einem Turban ist im Profil der Frau zugewandt, die eine exotische Diademhaube trägt. Die Frau hat den Blick gesenkt und wirkt im Gegensatz zu den aktiven Blicken der Männer passiv. In gezierter Fingerhaltung präsentiert sie ihrem Partner einen nicht mehr vorhandenen, wahrscheinlich verwischten Gegenstand (Ring oder Blume).[31] Unter ihrer Hand hat der junge Mann – kaum noch sichtbar – seine Hand aus dem Umhang gestreckt und weist auf die Frau. Es könnte sich um eine

[31] Zwischen Daumen und Zeigefinger sind keine Spuren von mutwilligem Wegwischen oder Radieren zu sehen. Der einst vorhandene Gegenstand ist im Gebrauch «verschwunden», ähnlich der kaum mehr sichtbaren Hand des jungen Mannes unter derjenigen der Frau. Beide Zeichnungspartien sind offensichtlich nicht übergangen worden. – Die Möglichkeit, daß es sich um einen Redegestus handelt, ist auszuschließen. Eine Reihe von Darstellungen aus dem Themenbereich Liebespaar, Liebesgarten zeigen diese Geste, mit der entweder der Liebhaber der Dame ein Präsent reicht oder umgekehrt. Daß es die Frau ist, die die aktive Rolle einnimmt und einen Gegenstand als Zeichen ihrer Liebe oder Treue überreicht, kommt im 14. und 15. Jahrhundert äußerst selten vor. In der Daliweschen Zeichnung widerspricht es der sonst deutlich zu Tage tretenden Verhaltenheit der Frau. Bekanntestes Beispiel ist die Gothaer Tafel des Liebespaares vom Hausbuchmeister auf der die Dame eine Blume und ein «schnurlin» in Händen hält. Vgl. dazu: Vom Leben im späten Mittelalter. Der Hausbuchmeister oder der Meister des Amsterdamer Kabinetts, Katalog bearbeitet von J. P. Filet Kok, Amsterdam-Frankfurt 1985, Nr. 133, vgl. weitere Liebespaare Nr. 55, 56, 75, 105, 106, 121, 122.

Verlobungs- oder Hochzeitsszene handeln. Das Thema Kuppelei ist eher auszuschließen, denn diese war vor allem Sache der Frauen, zudem meist mit einem Hinweis auf Käuflichkeit verbunden.[32] Für die Verhaltenheit und Inaktivität der Braut gibt es einen Vorläufer in der um 1380 datierbaren Miniatur der Hochzeit zu Kana des Parament-Meisters und einen späten Nachfahren in der um 1568 anzusetzenden Bauernhochzeit des Pieter Breugel (Abb. 72 oben links/oben mitte).[33] Die Passivität des Präsentiert-Werdens der Frau, der Braut, wird in allen drei Fällen durch Frontalität und niedergeschlagene Augen vermittelt. Eine Kontaktnahme mit anderen Figuren ist ausgeschaltet. Lediglich bei Daliwe gibt es die zur Konvention erstarrte Geste des Haltens eines Ringes oder einer Blume.

Die passive Darstellung der Frau entspricht ihrem rechtlichen Status bei Eheschließungen in der damaligen Zeit. Die Frau konnte rechtlich niemals selbständig handeln, sondern bedurfte dazu ihres Vormunds (Vater oder Ehemann), der Ehe-

[32] In der Daliweschen Zeichnung können die beiden Frauen, die der sich Entkleidenden Blumen darbringen, nicht als Kupplerinnen identifiziert werden. Es fehlt jeder Hinweis darauf. Vgl. Konrad Renger, Lockere Gesellschaft. Zur Ikonographie des Verlorenen Sohnes und von Wirtshausszenen in der niederländischen Malerei, Berlin 1970 (bringt Bordell – und Kuppelszenen im Rahmen der Geschichte des Verlorenen Sohnes).

[33] Auch Hieronymus Bosch isoliert die Braut in der Hochzeit zu Kana im Rotterdamer Bild (Museum Boymans van Beuningen). Vgl. Daniela Hammer-Tugendhat, Hieronymus Bosch. Eine historische Interpretation seiner Gestaltungsprinzipien, München 1981, Abb. 37. – Kreuter-Eggemann brachte S. 26, Abb. 24 schon den Vergleich mit der Miniatur des Parament-Meisters aus dem Pariser Fragment der Très Belles Heures. – Pieter Bruegel d. Ä., Bauernhochzeit, Wien, Kunsthistorisches Museum, Inv. 1027. Vgl. Flämische Malerei von Jan van Eyck bis Pieter Brueghel d. Ä., Katalog der Gemäldegalerie, Wien 1981, S. 110ff., Klaus Demus schreibt über die Braut «... die herkömmlicherweise allein, mit dem Kränzlein auf dem gelösten Haar, mit niedergeschlagenen Augen und gefalteten Händen, ohne sprechen und essen zu dürfen, in der Mitte der Tafel sitzt ...» (S. 110). Trotz des anderen Darstellungsmoments (Hochzeitsmahl und nicht Zuführung) ist die Braut ebenso verhalten und inaktiv, wie es von ihr verlangt wurde, wiedergegeben.

[34] Ruth Schmidt-Wiegand, Hochzeit, Vertragsehe und Ehevertrag in Mitteleuropa, in: Die Braut. Geliebt, verkauft, getauscht, geraubt. Zur Rolle der Frau im Kulturvergleich, Katalog, Köln 1985, I, S. 266 – Edith Ennen, Frauen im Mittelalter, München 1985, S. 134ff.

vertrag wurde zwischen Bräutigam und Brautvater geschlossen.[34] Zuführungs- und Hochzeitsbilder gibt es in der christlichen Ikonographie als Hochzeit von Maria und Josef sowie der Zuführung Evas zu Adam; letzteres ist ein Thema, das gerade in der Kunst um 1400 häufiger auftritt, beispielsweise in der Bible moralisée der Brüder Limburg, die 1402 vom burgundischen Herzog in Auftrag gegeben wurde (Abb. S. 72 oben rechts). Im Gegensatz zu den Figuren der Daliwe-Zeichnung sind Adam und Eva ebenso wie in den anderen Zuführungsdarstellungen aus der französischen Buchmalerei nackt dargestellt.[35] In der Limburgischen Miniatur fällt jedoch auf, daß Eva ihre Brust ergreift. Dies ist eine eindeutig erotische Geste, die zwar keineswegs mit der entblößten Brust der Daliweschen «Braut» identisch ist, aber dieselbe erotische Qualität in Zusammenhang mit einer Zuführungsszene aufweist. Bei all diesen Darstellungen wird das Paar durch Ineinanderlegen der Hände vereint und nicht wie auf dem Daliweschen Täfelchen vom «Brautvater» an den Schultern genommen. Eine Frau, die einem Mann ein Präsent überreicht (Blume, Ring, Band), kommt immer in Zusammenhang mit Liebesgarten, Venusfest, Verlobung vor. Im Skizzenbuch des Jacquemart de Hesdin gibt es unter den Kopfstudien eine szenische Episode, in der eine Frau zwischen zwei Männern einen Ring hält (Abb. S. 74). Im Braunschweiger Musterbuch, das nach Böhmen um 1380 zu datieren ist, kommt in der Reihe der Liebespaare eines vor, bei dem die Frau in einer ebensolchen preziösen Fingerhaltung einen auch nicht mehr sichtbaren Gegenstand ihrem Partner reicht (Abb. S. 76 oben).[36] Darstellungen mit

[35] Zwei Frontispize des Textes der Antiquités judaïques von Josephus Flavius zeigen jeweils die Zuführung Evas zu Adam durch Gottvater. Abgebildet bei Meiss, The Limbourgs, op. cit., Abb. 167, 169, Paris, Bibl. nat., Ms. fr. 247 f. 3r und Ms. fr. 6446, f. 3v (um 1420 und zirka 1410 datiert). Ebenso das Titelblatt der Propriété des choses des Bartolomeus Anglicus aus der Boucicaut Werkstatt in Cambridge, Fritzwilliam Museum, Ms. 251, f. 16r. Abgebildet bei Millard Meiss, The Boucicaut Master (French Painting in the Time of Jean de Berry), London-New York 1968, Abb. 457.

[36] Braunschweig, Herzog Anton-Ulrich-Museum, Kupferstichkabinett, Inv. 63, f. 3r. Monographische Behandlung und vollständige Abbildung des Braunschweiger Musterbuchs bei Joseph Neuwirth, Das Braunschweiger Skizzenbuch eines mittelalterlichen Malers, Prag 1897. Neuere Literatur zusammengefaßt bei Ulrike Jenni, Vom mittelalterlichen Musterbuch zum Skizzenbuch der Neuzeit, in: Die Parler und der Schöne Stil 1350–1400, Köln 1978, Bd. 3, S. 142f, ebenso zum Skizzenbuch von Jacquemart de Hesdin.

noch nicht vollkommen entblößter Brust sind mir nicht bekannt. Im Braunschweiger Musterbuch gibt es unter den Liebespaaren eines bei dem eine völlig nackte Dame einem bekleideten Herrn gegenübersitzt (f. 23r).

Die Handbewegungen und Blicke können Spannungen zwischen den Figuren vermitteln, die psychische Dimensionen annehmen. Auf dem Täfelchen der beiden bärtigen Männer und der jungen Frau, die sich ihren Ärmel zu- oder aufknöpft (VIb), greift der vordere auf die Schulter des Mädchens, sieht sie durchdringend aus schmalen zusammengekniffenen Augen an. Er scheint zu sprechen, da sein Mund leicht geöffnet ist und die obere Zahnreihe sichtbar wird. Ebenso hat sein Gefährte sie fest ins Auge gefaßt. Ein spannungsgeladener Moment, voll psychologischer Vertiefung ist festgehalten. Die Fixierung des Mädchens durch die Blicke der Männer wird durch die einheitliche Augenhöhe aller drei Figuren besonders hervorgehoben. Seit Wilken wird die Szene als Susanna und die beiden Alten gedeutet.[37] Mir ist jedoch keine Darstellung des Themas bekannt, bei der die Greise ihre Voyeurrolle durchbrechen und «handgreiflich» werden.

Auf der Zeichnung mit den Dreiviertelfiguren sind in der vorderen Schicht drei Frauen angeordnet (IIIb). Die Frau links, die Hauptfigur, ist in Frontalansicht wiedergegeben. Sie ist dabei, ihr Mieder zu öffnen. Die beiden Nachbarinnen sind auf sie ausgerichtet; die mittlere, im Profil ihr zugewandt, greift ihr an den locker über den Hüften liegenden Gürtel und reicht ihr eine Blume. Diese Geste und Armbewegung wiederholt sich bei der Frau ganz rechts, die sich in leichter Dreiviertelwendung auf die sich Entkleidende zubewegt. Mit der anderen Hand berührt sie ihre aumonière. In den Zwischenräumen hinter den Damen werden drei Männerköpfe sichtbar. Der Mann hinter der Frau am rechten Rand hat seine Hand auf ihre Schulter gelegt. Der finster aus der Mitte Blickende ist mit wesentlich größerem Kopf als die drei Damen wiedergegeben, was ihn neben seiner dunklen Erscheinung geradezu bedrohlich macht.

Die Darstellung ist als Hochzeits- und als Präsentationsszene gedeutet worden.[38] Der Vorschlag von Frinta, die Zeichnung als Urteil des Paris zu sehen, ist

[37] Wilken, op. cit. – Kreuter-Eggemann, S. 28. – Haßelberg, S. 36, sieht hingegen in der Zuführungszeichnung (IXa) die Episode von Susanna mit den Greisen, eine sicherlich nicht richtige Interpretation.

[38] Wilken op. cit. und Haßelberg S. 34 deuten als Hochzeitsszene. – Kreuter-Eggemann vermutet S. 33 eine Präsentationsszene, das linke Paar wird als Brautpaar gedeutet, die beiden anderen Paare als Elternpaare. Die Braut ist dabei, sich zu entkleiden.

verfehlt. Darstellungen aus dem 15. Jahrhundert, die auf früheren basieren, stellen die antiken Göttinnen nackt dar, etwa in einer flämischen Miniatur um 1460 oder in den Kupferstichen des Meisters der Banderollen.[39]

Im folgenden sollen Parallelen für den spezifischen Erzählstil, die Gebärdensprache und die Psychologisierung der Inhalte angeführt werden. Dabei stellt sich heraus, daß die *Vergleichsbeispiele einen gemeinsamen Nenner in ihrer Abstammung aus dem südniederländischen Raum oder dem franco-flämischen Kulturkreis* aufweisen. Eine Daliwe nah verwandte Auffassung der Figuren findet sich in dem Bild des Martyriums des heiligen Dionysius (Abb. S. 77), das im Mai 1416 von Henri Bellechose, dem Hofmaler des burgundischen Herzogs Johann ohne Furcht für die Kartause von Champmole bei Dijon vollendet wurde.[40] Die Figurengruppe rechts zeigt in Schichten hintereinander angeordnete Figuren, die in lebhaftem Kontakt miteinander stehen. Sie sind ins Gespräch vertieft, wie bei Daliwe mit zum Sprechen geöffnetem Mund und sichtbaren Zähnen, ein Mann flüstert seinem Nachbarn ins

[39] Mojmír S. Frinta (Buchbesprechung), Helga Kreuter-Eggemann, Das Skizzenbuch des «Jaques Daliwe», München 1964, in: The Art Bulletin, LII, 1970, S. 100. – Darstellungen des Parisurteils: In einer flämischen Handschrift eines Epître d'Othéa-Textes um 1460, Brüssel, Bibliothèque Royale, Ms. 43373–76, Abgebildet im Katalog Troie, legende et réalité, Brüssel 1982, Abb. M. auf S. 34., und F. W. H. Hollstein, Dutch and Flemish Etchings, Engravings and Woodcuts ca. 1450–1700, XII, Masters and Monogrammists of the 15th Century, Amsterdam o. J., Meister mit den Banderollen, Abb. auf S. 66, 67. – Reiner Dieckhoff, Liebeszauber – Von der Erotisierung des Alltags im Spätmittelalter und der beginnenden Neuzeit, in: Die Braut. Geliebt, verkauft, getauscht, geraubt. Zur Rolle der Frau im Kulturvergleich, Katalog, Köln 1985, I, S. 355 f. Der Autor berichtet, daß das «Urteil des Paris» ein beliebtes Thema für «tableaux vivants» war, wobei die drei Gottheiten nackt auftraten.

[40] Meiss, The Limbourgs, op. cit., S. 280 Katalognummer mit kurzer Beschreibung und sämtlicher Literatur. – Nach dem Tod von Malouel, dem Onkel der Brüder Limburg, im Jahr 1415 wurde Henri Bellechose sein Nachfolger als Hofmaler. Meiss und Eisler betonen die Einheitlichkeit der St-Denis-Tafel und schreiben das Werk Bellechose allein zu: M. Meiss and C. Eisler, A new French Primitive, in: Burlington Magazine, CII, 1960, S. 236. – Nicole Reynaud, A propos du martyre de saint Denis, in: La Revue du Louvre, XI, 1961, S. 175/176 betont, daß auf Grund des Studiums der Dokumente nur Bellechose als Maler der Dionysius-Tafel in Frage kommt (Publikation des Archivmaterials).

Ohr, Handgesten unterstreichen das Gespräch (wie bei der Figur, die offensichtlich leicht erschrocken zwei Finger an ihre Lippen gelegt hat). Dionysius Gefährte wird von dem hinter ihm lachenden Mann an den Schultern gepackt, wie es oft bei Daliwe der Fall ist. Auf dem Tafelbild tauchen auch unvermittelt Hände auf, etwa jene aus dem Bild zeigende Hand. In den pseudoszenischen Kopfstudien unseres Skizzenbuches finden sich ebenso unvermittelt, weil ohne Verbindung zu einer der dargestellten Figuren, Hände wieder. Die Vorliebe für phantasievoll gebundene Turbane ist sowohl Bellechose als auch Daliwe eigen. Die Raumlosigkeit der Darstellung ist nicht nur auf die eng zusammengedrängte Figurengruppe beschränkt, sondern zeichnet die gesamte Komposition aus. So weist das Bild hinter der schmalen Aktionsbühne einen tief herabgezogenen, die Bildfläche betonenden Goldgrund auf. Die geringe Beachtung der Tiefenräumlichkeit ist auch für Daliwe charakteristisch, ebenso die fein modellierten und teilweise recht massigen Köpfe, die deutlich Plastizität und Volumen besitzen.

Ein ähnlicher, auf lebhafte Physiognomie und vielfältige Gebärdensprache aufgebauter Erzählstil findet sich in einem früheren flämischen Werk, nämlich in den Tapisserien von Angers (Abb. S. 78), deren Kartons vom Bruder des französischen Königs, dem Herzog von Anjou, bei dem Maler Jean Bondol aus Brügge bestellt wurden. Bondol war pictor regis am französischen Hof unter Karl V. Die Teppichfolge wurde in der Pariser Werkstatt von Nicolas de Bataille bis nach 1380 ausgeführt.[41]

Die Kopftypen, die Daliwe in seinem Skizzenbuch festhielt, sind nicht schön, sie verkörpern auch kein bestimmtes Schönheitsideal wie die Gestalten der Limburgs. Besonders bei männlichen Köpfen zeigt sich eine Vorliebe für häßliche Typen. Hier gibt es eine Tradition im flämischen Kunstbereich: Man vergleiche etwa die Physiognomien mit den überlangen karikierenden Nasen in einem astronomischen Traktat (das 1403 in Brügge für den Herzog von Berry im Auftrag des Abtes von St.-Bartolomaeus, Lubrecht Hauscilt, hergestellt wurde) mit einigen Daliwe-Köpfen (Abb. S. 76 unten, Ib, IVb, VIa Profilkopf). In den Tapisserien mit der Dar-

[41] Wilfried Hansmann, Die Apokalypse von Angers, Köln 1981, bringt eine kurze Charakterisierung der Teppichfolge und Zusammenfassung der Literatur. Vollständig abgebildet. Zur Datierung: Ende Jänner 1377 wurde Jean Bondol für kleine Entwürfe und Webvorlagen im Maßstab 1:1 bezahlt. Nicolas de Bataille erhielt für gelieferte Teppiche der Folge 1377 und 1379 Geld. Fertigstellung der gesamten Apokalypsenfolge zu Anfang der 80er Jahre. D'Hulst, Flämische Bildteppiche, op. cit., S. 1 ff. datiert zwischen 1373–1380.

stellung des Lebens der Tournaiser Heiligen Piat und Eleutherius, die 1402 in Arras gefertigt wurden,[42] findet sich wie bei Daliwe das Gesicht mit der langen fleischigen Nase und der an beiden Seiten herabgezogenen Mundwinkel mit langem Bart (Abb. S. 79, IXa).

Ein Gesichtstyp, dessen Charakteristikum eine platt gedrückte Nase ist, in deren Nasenlöcher man durch leichte Untersicht schauen kann, läßt sich im franco-flämischen Bereich seit Beginn des 14. Jahrhunderts verfolgen. Bei Daliwe hat der Ochsentreiber dieses Gesicht, die gleiche Physiognomie zeigt ein Kopf auf dem Täfelchen mit den acht Kopfstudien (VIIa, Xb). Das früheste, nachweisbare Glied dieser Typenkette ist ein nach Gent lokalisierbarer und um 1320/1330 entstandener Psalter. Als Scherge kommt das Gesicht öfters beim Meister des Parament von Narbonne vor, weiterhin in der schon erwähnten 1403 datierten astronomischen Handschrift aus Brügge und in dem Brüsseler Kodex der Pèlerinage de la vie humaine vom Anfang des 15. Jahrhunderts (Abb. S. 80 und S. 81 oben links/oben rechts).[43] Dieser Gesichtstypus ist eine Abwandlung des Musterbuchkopfes eines mit offenem Mund nach oben Blickenden, für den Kreuter-Eggemann Vergleiche zusammenstellte.[44]

[42] New York, Pierpont Morgan Library, M. 785, Albumasar, Astrologisches Traktat, siehe Erwin Panofsky, Early Netherlandish Painting. Its Origin and Character, Cambridge (Mass.) 1953, S. 106–108, 111, Abb. 135–137. – Tapisserie mit dem Leben der Heiligen Piatus und Eleutherius in der Kathedrale von Tournai sowie der Passionsteppich in Saragossa, La Seo, Museo de Tapices, siehe D'Hulst, Flämische Bildteppiche, op. cit., Nr. 3 S. 17–24 und Nr. 5 S. 33–40 (siehe Anm. 26). – Auch die Tapisseriefolge der Sieben Heroen in den Cloisters, New York, um 1385 datierbar, sind hier anzuführen. James J. Rorimer, B. Freeman, The Nine Heroes Tapesteries at the Cloisters, in: Bulletin of the Metropolitan Museum, VIII, 1949, S. 243 ff.

[43] Oxford, Bodleian Library, Ms. Douce 5–6, Psalter, siehe Otto Pächt – J. J. Alexander, Illuminated Manuscripts in the Bodleian Library Oxford, Bd. 1, Oxford 1966, Nr. 296, – Meiss, The Late Fourteenth Century and the Patronage of the Duke, (French Painting in the Time of Jean de Berry), London-New York 1967, Abb. 1, 3, 22, 25 (Parament de Narbonne im Louvre und Pariser Fragment der Très Belles Heures). – Panofsky, op. cit., S. 108, 357, Abb. 138 (Brüssel, Bibl. Royale, Ms. 10176–8)
– Astrologisches Traktat siehe Anm. 18

[44] Kreuter-Eggemann, S. 45, Abb. 64–68.

Eine ähnliche Ahnenreihe kann für das jugendliche Gesicht der «Susanna» (VIb) von beinahe geschlechtsneutralem Aussehen mit runder Stirn, zierlichem Mund und Kinn sowie offen fallenden Spirallocken aufgestellt werden. Diese Geschlechtslosigkeit eignet sich im Besonderen für Engelsdarstellungen, etwa in der Apokalypse von Angers (Abb. S. 81 unten) und in der flämischen Apokalypse um 1400 der Pariser Nationalbibliothek.[45] Die Kopfstudien im Skizzenbuch des Jacquemart de Hesdin sind ebenfalls Daliwe verwandt, insbesondere die vereinzelten Spirallocken (Abb. S. 74).[46]

Ganzfigurenszenen

Wie die Analyse der Halb- und Dreiviertelfiguren zeigte, ist *Jaques Daliwe an Tiefenräumlichkeit nicht interessiert.* Gleiches gilt für seine Landschaften, die meist bis an den oberen Bildrand geführt werden (Vb, XIIa). Im Landschaftsgrund sind Hirten, Tiere und Bäumchengruppen streumusterartig verteilt. Diese ziemlich häufig anzutreffende Belebung des Terrains findet sich beispielsweise bei Jacquemart de Hesdin in den Petites Heures des Herzogs von Berry, beim sogenannten Pseudo-Jacquemart in den Grandes Heures oder einem Stundenbuch im British Museum (Abb. S. 82; XIIa).[47] Neben den stehenden und lagernden Schafen mit ihren spitz

[45] Paris, Bibl. nat., Ms. néerl. 3, f. 3r, Apokalypse, niederländisch um 1400. Vollständig abgebildet bei M. Hontoy, Les miniatures de l'Apocalypse flamande de Paris, in: Scriptorium, I, 1946–1947, S. 289 ff. Auch bei Panofsky, op. cit., Abb. 151 behandelt. Apokalypse von Angers siehe Anm. 38.

[46] Weitere Vergleiche zu diesem Engeltypus siehe Jenni, Das Skizzenbuch in den Uffizien, op. cit., Abb. 44–49: u. a. die Glasfensterfragmente (aus dem Rathaus zu Brügge ?), flämisch um 1400, Gruuthuse Museum, Inv. III Nr. 1403, 1404, 1410, 1411 und die Wappenscheibe aus der Sainte Chapelle (heute in der Chapelle d'Etampes) der Kathedrale von Bourges, vor 1405.

[47] «Hirtenlandschaften» bei Jacquemart de Hesdin in den Petites Heures du Duc de Berry, Paris, Bibl. nat., Ms. lat. 18014, ff. 40v, 42v. – Beim sogenannten Pseudo-Jacquemart in den Grandes Heures du Duc de Berry, Paris, Bibl. nat., Ms. lat. 919, ff. 18r, 24r und dem Stundenbuch, London, British Library, Add. ms. 32454, f. 32r, siehe Meiss, The Late Forteenth Century, op. cit., Abb. 92, 93, 222, 233, 258. Ein Hinweis auf die Miniatur im Londoner Stundenbuch erfolgte von Köllner, op. cit., S. 70. – Die Hirtenlandschaft zieht sich auch durch das Werk der Limburgs von der frühen Bible moralisée bis zu den Très Riches Heures, vgl. etwa die Abb. bei Meiss, The Limbourgs, op. cit., Abb. 290, 333, 411, 569–571.

zulaufenden Mäulern kann der obere Abschluß der hochgezogenen Tapetenlandschaft mit Architektur und baumbekrönten Felsgruppen und den bis hinauf zur Horizontlinie in einheitlicher Größe weidenden Schafe verglichen werden. Die Kleidung der Hirten in ihren kurzen Röcken und lappigen Beinkleidern, die in klobige, sockenartige Schuhe gestopft werden, ist identisch. Zerschlissene Hirtenkleidung, ein Loch im Knie und hervorlugende Zehen wie beim Hirten in der Heimsuchungs- und Greifenszene (XIIa, Vb) findet sich auch in der Hirtenverkündigung des Très Riches Heures der Brüder Limburg (Abb. S. 83).[48] Der Hirte rechts oben in der Miniatur des Pseudo-Jacquemart ist nur als Oberkörper sichtbar, ebenso wie der langbärtige Alte auf dem Täfelchen mit dem Ochsentreiber (Xb). Beide sind sie von einer Felsrampe überschnitten, ein Darstellungsmittel, das öfters beim Schichtenraum eingesetzt wird, um räumlich tiefer liegende Figuren leichter darstellen zu können. Für den auf seinen Hirtenstab sich aufstützenden Hirten (Vb) stellte Kreuter-Eggemann Vergleichsbeispiele zusammen.[49]

Auf der Zeichnung mit den Pilgern vor einer Stadt (IIb) wird das Terrain rechts durch zwei im rechten Winkel gegeneinander stehende Diagonalzüge gegliedert. Die eine Diagonale begrenzt das untere Dreiecksfeld, in dem sich Pilger niedergelassen haben, die zur Stadt und in den Himmel blicken, als ob dort eine «Erscheinung» sichtbar wäre. Der andere Diagonalzug führt bis an den oberen Rand. Es entsteht dadurch das von Otto Pächt beschriebene – in diesem Fall nur fragmentarische – Rautensystem, eine für die französische Kunst des 15. Jahrhunderts charakteristische Flächen- und Tiefengliederung, wofür die Miniaturen der Brüder Limburg exemplarische Beispiele liefern.[50]

Die Hirtenverkündigung der Très Riches Heures weist eine verwandte Bewältigung des Landschaftsgrundes wie das Daliwe-Täfelchen auf: In der Dreiecksfläche rechts vorn die nach oben blickenden Hirten und die im Mittelgrund von der Landschaftsdiagonale überschnittenen Hirten ähnlich den Pilgern am oberen Rand der Zeichnung. Im vorliegenden Skizzenbuch ist das das einzige Beispiel dieser doppelwertigen – zugleich Fläche und Raum suggerierenden – Diagonalgliederung einer Landschaft. Daliwe bevorzugte vielmehr die *flächengebundene, beinahe raumlose Tapetenlandschaft.*

[48] Chantilly, Musée Condé, Ms. 1284, f. 48 r. Meiss, The Limburgs, op. cit., S. 570

[49] Kreuter-Eggemann, S. 53 f., Abb. 72–74.

[50] Otto Pächt, Gestaltungsprinzipien der westlichen Malerei des 15. Jahrhunderts, in: Kunstwissenschaftliche Forschungen, Bd. 2, Berlin 1933, S. 75–100.

Die dargestellte Stadt wurde von Kreuter-Eggemann mit dem himmlischen Jerusalem der Apokalypse von Angers verglichen.[51] Bezeichnend für die detailreich wiedergegebene Architektur sind die Einblicke in Häuser und Kirchen, ein eher seltenes Motiv, das beispielsweise in den Architekturdarstellungen des Kalenders der Grandes Heures des Herzogs von Berry oder in der niederländischen Apokalypse (vgl. Anm. 45) in Paris vorkommt.[52] Der Inhalt der ungewöhnlichen Darstellung auf dem Daliwe-Täfelchen könnte ein «Wunder» vorstellen, vergleichbar etwa einer Illustration aus den Miracles de Notre-Dame, die allerdings erst um die Mitte des 15. Jahrhunderts entstanden.[53]

In der Zeichnung mit dem Greifen (Vb) haben wir wieder eine Tapetenlandschaft vor uns, Landschaftsmotive füllen sorgfältig alle Freiflächen, die nicht vom Greif und der Reiterin bedeckt werden. Der Greif stolziert auf einem vorderen Bildstreifen, der sich in der Holzfarbe von dem hellen Grund des restlichen Täfelchens deutlich abhebt. Auf ihm tummeln sich Hunde, Hasen, Schafe und eine Ziege.

Das Motiv des Greifen findet sich vorzugsweise auf Wilde-Leute-Teppichen, auf denen er als Reittier erscheint, oder auf Bildteppichen mit Liebesthematik oder einer Kombination beider Inhalte, wie etwa die Wilden Leute, die die Minneburg erstürmen.[54] Jedoch keine der erhaltenen Bildwirkereien ist mit dem Daliweschen Täfelchen unmittelbar vergleichbar. Hingegen läßt das Gestaltungsprinzip der tiefenraumlosen Füllandschaft eine Tapisserie-Vorlage als möglich erscheinen.

Die Vorliebe zur genrehaften Ausschmückung einer Szene ist beim Einsiedler besonders ausgeprägt (VIIIa). Innerhalb des von einem geflochtenen Zaun um-

[51] Kreuter-Eggemann, S. 55, Abb. 76.

[52] Marcel Thomas, Les Grandes Heures de Jean de Berry, London 1971, Abb. 3, 6 (Faksimile). Zur niederländischen Apokalypse siehe Anm. 45.

[53] Paris, Bibl. nat., Ms. fr. 9199, f. 37v Wallfahrt zum Mont-Saint-Michel. Abb. bei Antoine de Laborde, Les Miracles de Notre-Dame, Paris 1929, Abb. 30., und Meiss, The Limbourgs, op. cit., Abb. 703.

[54] Betty Kurth, Die deutschen Bildteppiche des Mittelalters, Wien 1926, Bd. II, Abb. 44–46, 54, 115–116 (Wilde Leute und Minneburg, Teppich in Wien, Museum für angewandte Kunst). Es sind vor allem Teppiche aus dem Gebiet des Elsaß, Oberrhein und der Schweiz aus der ersten Hälfte des 15. Jahrhunderts. – In der Wenzelsbibel thront eine Bademagd auf zwei Greifen, eine Darstellung, die in den Bereich der Liebesallegorie gehört, siehe Josef Krasa, Die Handschriften König Wenzel IV, Wien 1971, Abb. XI.

grenzten Areals entfaltet sich ein idyllisches Bild. Vor dem Eingang der kirchenähnlichen Klause hockt der Einsiedler, liest und blättert in einem Buch, einen Krug zu seinen Füßen, dazu eine Henne mit ihren Küken, wovon zwei aus dem glockenförmigen Käfig entschlüpft sind, eine Katze und ein Schwein, das in seinen Verschlag hineingeht.

Ähnlich liebevolle Schilderungen finden sich in zwei flämischen Christophorus-Darstellungen, einer Miniatur im Stundenbuch des Jean sans Peur und einem Tafelbild im Museum Mayer van den Bergh (Abb. S. 84 oben).[55] Vergleichbar ist auch die Gestaltung des oberen Bildabschlusses im Tafelbild mit dem in der Eremiten- und Ochsentreiberzeichnung von Daliwe. Bei Daliwe stehen an der Horizontlinie einzelne Bäumchen, die in den Himmel ragen, ebenso im Tafelbild des Christophorus und noch besser vergleichbar im Geburtsbild desselben Altars.

Wie Kreuter-Eggemann richtig feststellte, sind einige Zeichnungen von *Jaques Daliwe mit dem sogenannten Luxemburger-Stil engstens verbunden.*[56] Es ist dies ein Begriff, der den böhmischen Einfluß im niederländischen Raum erklären soll, der durch dynastische Beziehungen gefördert wurde (Wenzel von Luxemburg war Herzog von Brabant, gest. 1383). Ein Charakteristikum dieser Kunstsprache ist eine gewisse Massigkeit der Figuren; diese werden von einer Gewandhülle umgeben, die das Körpervolumen in glatten Rundungen heraustreten läßt, ähnlich der Stilstufe des Meisters Theoderich. Der Einsiedler in unserem Skizzenbuch gehört dieser stilistischen Gruppe an. Eine verwandte, vielleicht nicht so ausgeprägte Körperlichkeit zeigen u. a. die Evangelisten eines niederländischen, aus der Kartause von Champmol stammenden Triptychons (Abb. S. 84 unten).[57]

Die andere Daliwesche Zeichnung, die auf dieselben stilistischen Quellen zurückgeführt werden kann, ist die Marienkrönung (Xa). Der Meister des Brüsseler

[55] Tafelbild des Christophorus und der Geburt Christi, Antwerpen, Musée Mayer van den Bergh, Panofsky, op. cit., Abb. 54, 55, Abb. aller 6 erhaltenen Tafeln des Altars, wahrscheinlich von einem Meister aus Geldern, zirka 1400–1410. – Schon Kreuter-Eggemann, S. 49, Abb. 75, verglich die Daliwesche Zeichnung mit der Miniatur aus dem Stundenbuch des Johann ohne Furcht, Paris, Bibl. nat., Ms. nouv, acq. lat. 3055, f. 178v.

[56] Kreuter-Eggemann, S. 21f.

[57] Berlin-Dahlem, Staatl. Museen, Stiftung Preuß. Kulturbesitz Nr. 1688, Triptychon mit Dreifaltigkeit und vier Evangelisten, aus der Karthause von Champmol, franco-flämisch um 1390: Panofsky, op. cit., Abb. 153.

Antependium, einem Werk aus Brabant um 1400, verwendet dasselbe Sitzmotiv für Maria wie Daliwe, auch dieselbe Ikonographie, nämlich die Segenserteilung nach der Krönung.

Der weitere Hinweis von Kreuter-Eggemann auf die ikonographischen und stilistischen Beziehungen zu Schöpfungen von Meister Bertram (insbesondere dem Passionsaltar in Hannover und dem Buxtehudener Altar) sind so augenfällig, daß die Frage erhoben wird, ob Daliwe und Meister Bertram auf ein gemeinsames, im flämisch-niederländischen Raum beheimates Vorbild zurückgehen.[58]

Die Engel, die in allen erwähnten Themenfassungen der Marienkrönung vorkommen, sind bei Daliwe in Sirenen verwandelt. Es bedeutet dies eine außerhalb der Ikonographie stehende Kombination, die in Zusammenhang eines beginnenden *subjektiven Umgangs mit der Bildtradition* gesehen werden muß (siehe S. 52).

Beim Parament-Meister, dessen künstlerische Äußerungen Daliwe kannte, finden sich ebenfalls Sirenen in Verbindung mit religiösen Darstellungen. Der Meister plazierte beispielsweise in der Trinitätsminiatur des Turiner Teils der Très Belles Heures des Herzogs von Berry acht Harpyien zwischen Mandorla und Miniaturrahmen, also getrennt von den göttlichen Personen (Abb. S. 85), während Daliwe sie direkt neben Maria und Christus auf und vor den Thron setzte. Schon Kreuter-Eggemann lenkte die Aufmerksamkeit auf eine Zeichnung mit der Unterweisung der Maria, in der Sirenen unmittelbar neben Anna und Maria vorkommen.[59] Dies ist deshalb bemerkenswert, da Sirenen/Harpyien im Mittelalter im allgemeinen als Symbol des Bösen galten.

Die Darstellungen der Verkündigung und der Heimsuchung sind mit ihren ikonographischen Besonderheiten ebenfalls Produkte einer subjektiven religiösen Phantasie (IVb, XIIa). Die Interpretation der Verkündigungszeichnung als Vision des Evangelisten Lukas hat seine Richtigkeit, besonders wenn man die Themenfassung des Schmerzensmannes als Analogievergleich heranzieht, in der Christus in einer Engelsgloriole als Vision von Maria und Johannes erscheint (IIIa).[60] Wei-

[58] Kreuter-Eggemann, S. 20ff., Abb. 14, 15.

[59] Kreuter-Eggemann, S. 22f. Abb. 16. – Sirenen kommen auch in Illustrationen der Taten des Herkules vor: bspw. in einer Handschrift in Toulouse, Bibl. municipale, MS. 822, französisch Anfang 15. Jahrhundert, siehe Pierre Courcelle, La consolation de Philosophie dans la tradition littéraire antécédens et postérité de Boèce, Paris 1967, Abb. 117.

[60] Kreuter-Eggemann, S. 13f., interpretierte die Zeichnung als Visionsdarstellung.

ters könnte die Wiedergabe der Verkündigung als Vision des Evangelisten Lukas durch die Tatsache angeregt sein, daß sich im Lukasevangelium (1, 26–38) die einzige Bibelstelle zur Verkündigung findet. Ungewöhnlich ist weiterhin, daß in der Verkündigung Maria in einem Zelt – das zudem noch mit einem Lilienmuster ausgeschlagen ist – vor ihrem Betpult kniet. Im vorhandenen Denkmälerbestand konnte keine weitere Verkündigung im Zelt ausfindig gemacht werden. Es ist dies eine Adaptierung aus dem höfischen Bereich, den Zeltaufbauten bei Herrscherdarstellungen des französischen Königs, z. B. einer Empfangsszene mit Karl VI. vom Boucicaut-Meister. Bei diesem Meister spielen sich religiöse Szenen des öfteren unter reich verzierten Zelten ab, etwa eine Marienkrönung, jedoch keine Verkündigung.[61] Die verschiedenen «Ahnenreihen» der einzelnen ikonographischen Momente der Schmerzensmanndarstellung sind bei Kreuter-Eggemann angeführt, die Kompositionsidee als Erscheinung von Maria und Johannes ist jedoch allein Daliwes Beitrag. Zu den ganzfigurigen Szenen der Geißelung und Heimsuchung siehe S. 30ff.

Zur Zuschreibung von sechs Miniaturen der Très Belles Heures an Jaques Daliwe

Kreuter-Eggemann erweiterte das Oeuvre von Jaques Daliwe um sechs Miniaturen aus dem ersten Teil der Très Belles Heures de Notre Dame des Herzogs von Berry. Es handelt sich um die sechs Miniaturen, die die Heiliggeist-Stunden illustrieren und vor 1409 datierbar sind.[62] Dieser Zuschreibung, die in der Monographie einen großen Stellenwert einnimmt, kann ich aus mehreren Gründen nicht zustimmen. Die Analyse der Halbfigurenszenen (siehe S. 32ff.) zeigte, daß das lebhafte Beziehungsgefüge der Figuren zueinander ein wesentliches Element der Erzählkunst Jaques Daliwes darstellt. Dieses aufeinander Bezogensein wird durch direkte Kontaktnahme der Figuren hervorgerufen, etwa dem Auflegen einer Hand auf die Schultern des Gegenüber oder dem Ergreifen seines Gewandes, weiters

[61] Meiss, The Boucicaut Master, op. cit., Abb. 36, 72.

[62] Paris, Bibliothèque nat, Ms. nouv. lat. 3093, ff. 162, 166, 169, 173, 176, 178. Bei Kreuter-Eggemann, S. 61ff. eingehende Besprechung der Miniaturen, ab S. 25ff. werden die Miniaturen immer wieder erwähnt und als Vergleich herangezogen, Abb. 21, 23, 27, 30, 36, 63, 77, 78, 80, 81, 84, 86, 88, 89. – Paul Durrieu, Les Très Belles Heures de Notre Dame de Jean de France, Duc de Berry, Paris 1922, «maître à la touche minutieuse». – Millard Meiss, The late Fourteenth Century, op. cit., S. 253ff., Abb. 16–21, als «Holy-Ghost-Master» bezeichnet, Meiss stimmt mit der Zuschreibung an Jaques Daliwe nicht überein (S. 400 Anm. 41).

durch Blickkontakt und durch Figuren, die mit sprechend geöffnetem Mund in ein Gespräch vertieft sind.
Nichts davon findet sich in den Heiliggeist-Miniaturen (Abb. S. 86). Die Gestalten sind beziehungslos nebeneinander gesetzt ohne sich anzuschauen, die wenig differenzierten Hände verharren in stereotypen Haltungen.

Im Daliwe Skizzenbuch sind die Köpfe der Figuren fast ausschließlich frontal oder im Profil wiedergegeben, während in den Heiliggeist-Miniaturen die schräge Dreiviertelwendung der Köpfe vorherrscht. Dieser Zustand spiegelt das Verhältnis des jeweiligen Künstlers zur Tiefenräumlichkeit wieder. Jaques Daliwes Figuren agieren in einem Schichtenraum, der große Tiefenräumlichkeit ausschließt. Die wenigen Szenen im Freien zeigen eine meist bis zum Bildrand hochgezogene Tapetenlandschaft (siehe S. 42, 43). Der Meister der Heiliggeist-Stunden hingegen bevorzugt das von Pächt für den französischen Raum als charakteristisch herausgearbeitete diagonale Flächenmuster, das in dialektischem Verhältnis sowohl schräg hinauf als auch in die Tiefe hinein bedeutet.[63]

Die Beziehungslosigkeit der Figuren untereinander sowie das Bemühen um Tiefenraum weist den *Meister der Heiliggeist-Stunden als eine grundsätzlich andere Künstlerpersönlichkeit als Jaques Daliwe* aus. Übereinstimmungen im Detail, wie etwa manche Kopftypen (VIb, IXa) können die aufgezeigten Unterschiede nicht überbrücken.

In den verschiedenen Besprechungen zur Monographie von Kreuter-Eggemann wird die Zuschreibung der sechs Miniaturen im allgemeinen akzeptiert, lediglich Köllner, der sich intensiv mit dieser Frage auseinandersetzt, nennt die Zuschreibung den kritischen Punkt der Studie und spricht sich gegen die vorgebrachte Oeuvreerweiterung aus.[64] Meiss ordnet die Miniaturen dem sogenannten Holy Ghost Master, und nicht Jaques Daliwe zu (vgl. Anm. 62).

Die Autorin sieht Jaques Daliwe als Entwerfer der vier Engelfenster der Sainte Chapelle, die sich Herzog von Berry als Grabkapelle in der Kathedrale von Bourges errichten ließ (1405 geweiht).[65] Bei einem weiteren Glasfensterfragment, einem Pfingstfest aus derselben Kapelle in Bourges sowie für die Tapisserien von Saragossa wird Jaques Daliwe nur mit Fragezeichen als Urheber der Vorzeichnungen genannt.[66] Mit ähnlichen Zweifeln stellt Kreuter-Eggemann die Autorschaft

[63] Pächt, Gestaltungsprinzipien, op. cit., S. 96 ff.

[64] Köllner, op. cit., S. 73 f.

[65] Kreuter-Eggemann, S. 29, 31, Abb. 39.

[66] Kreuter-Eggemann, S. 32, Abb. 40, 42, 43.

Jaques Daliwes bei einer Miniatur der Heures de Turin, Jean de Berry im Gebet vor der thronenden Madonna mit Kind, zur Diskussion.[67]

Von all diesen erwähnten Werken sind die Tapisserien von Saragossa und das Pfingstfest mit ihren derben, keinesfalls idealisierten Gesichtstypen und der lebhaften Gebärdensprache der Figuren in die Nähe von Jaques Daliwe zu rücken (siehe S. 34).

Entwicklungsgeschichtliche Stellung innerhalb der Musterbücher

Musterbücher waren im Mittelalter Gebrauchsgegenstände im Sinne technischer Behelfe, darüber hinaus Instrumente der künstlerischen Überlieferung. Sie gewähren einen tiefen Einblick in die Produktionsweise eines mittelalterlichen Werkstattverbands mit den darin tätigen Künstlern und Handwerkern, denn sie verraten viel über die Art und Weise, wie ein Künstler im Hochmittelalter seine Werke konzipierte und wie er das Vorlagenmaterial einsetzte. Der Künstler erhielt demnach seine Inspiration hauptsächlich von anderen, schon vorhandenen Kunstwerken. Das Naturstudium kam als Vorlagenbereicherung vor dem späten 14. Jahrhundert noch nicht in Betracht, hingegen war das «Gedankenbild» – um mit Schlosser zu sprechen – die vorherrschende Art, die Darstellungen und damit die gesehene Realität wiederzugeben. Dies ist auch ein gewichtiger Grund dafür, warum die Überlieferung von Formen einen solchen Stellenwert einnahm, daß sich zur Erfüllung dieser Aufgabe eine eigene Gattung – eben die Musterbücher – herausbildete. Nicht umsonst wurden die Vorlagen als Muster, Modelle, Simile, Exempla oder Beispiele bezeichnet. Dies sind Benennungen, die ihre Funktion verdeutlichen, wogegen klargestellt werden muß, daß die Bezeichnung «Skizzenbuch» für diese Art der Vorlagensammlung falsch und irreführend ist.

Aus der rein zweckgebundenen und zweckbetonten Entstehung und Ausrichtung lassen sich eine Reihe von typischen Musterbucheigenschaften ableiten, deren oberste Maxime die exakte Tradierung der Vorlage war. Auf gute Lesbarkeit der Exempla mußte unbedingt geachtet werden, klare, festumrissene Formen waren unumgänglich. Denn nicht nur der Zeichner selbst, sondern auch seine Werkstattkollegen – manchmal über einige Generationen hinweg – verwendeten die Vorlagen. Beim ständigen Arbeiten mit den Beispielen traten Verbrauchserscheinungen auf. Es war deshalb üblich, die abgegriffenen und abgewetzten Linien mit der Feder zu erneuern, um die Muster weiterhin in Gebrauch halten zu können.

[67] Kreuter-Eggemann, S. 68 ff., Abb. 85, läßt die Frage der Zuschreibung der Madonnenminiatur offen, da das Blatt verbrannte und somit eine Autopsie nicht mehr möglich ist.

Es entsprach der mittelalterlichen Überlieferung, die einzelnen Tiere, Alphabete, Ornamente oder Figuren – manchmal auch Figurengruppen – losgelöst von ihrem ursprünglichen ikonographischen Sinnzusammenhang und ihrem räumlich-innerbildlichen Kompositionsganzen festzuhalten. Man verwendete sie versatzstückartig in neuen Szenen, teilweise mit leichten Veränderungen, um gewisse Formen- und Themenerweiterungen zu erzielen. Da die einzelnen Modelle aus ihrem thematischen Zusammenhang gerissen wurden, war es notwendig, die Exempla vollständig, ohne Fragmentierungen wiederzugeben.

Die Übernahme ganzer Kompositionen in ein Vorlagenbuch – speziell solcher mit Ambiente, etwa Figuren in Landschaftsgrund oder Innenraum – läßt sich selten nachweisen, Ausnahmefälle sind ikonographisch besondere Themenfassungen oder selten vorkommende Darstellungsinhalte wie Szenen aus dem Ehe- und Priesterleben, Berufsdarstellungen sowie Physiologusillustrationen im Reuner Kodex vom Beginn des 13. Jahrhunderts.[68] Bei dem normalen Szenenrepertoire kann im Mittelalter offenbar eine gewisse Beständigkeit der ikonographischen Fassungen vorausgesetzt werden. So war es auf Grund vorhandener ikonographischer Kenntnisse der Benutzer solcher Musterbücher meistens nicht erforderlich, ein Kompositionsganzes in einem Musterbuch festzuhalten. Die menschliche Figur als Einzelwesen und das Tier stellen die beiden Hauptkategorien der Exempla dar; daneben kommen auch Alphabete und Ornamente vor.

Bestimmend für die Blattgestaltung war nicht die Sorge um einen etwaigen Handlungszusammenhang oder die Anordnung des Musters in der Vorlage, sondern vor allem die Klarheit der Präsentation eines Exemplum. Deshalb wurde in frühen Musterbüchern (Reuner Kodex und Villardsches Reisebuch) die Anordnung in Reihen bevorzugt, die auch später noch als Gliederungsschema beibehalten wird, wie etwa in der Fairfax-Murray-, der Bergamo- und Pepysian-Vorlagensammlung.[69]

Diese oben angeführte strenge Musterbuchpraxis zeigt im späten 14. und beginnenden 15. Jahrhundert deutliche Auflösungserscheinungen.[70] In diesem Über-

[68] Franz Unterkircher, Reiner Musterbuch. Faksimile des Musterbuches aus Codex Vindobonensis 507, Graz 1979.

[69] Scheller, Kat. 20, 21, 16. – Zum Musterbuch des Villard de Honnecourt siehe Anm. 3

[70] Diese Fragen werden behandelt von Jenni, Vom mittelalterlichen Musterbuch zum Skizzenbuch der Neuzeit, op. cit., S. 139 ff. – Jenni, Das Skizzenbuch in den Uffizien, op. cit., S. 77 ff.

gangszeitraum lösen sich mittelalterliche und neuzeitliche Elemente gegenseitig ab. Es gibt jedoch Fälle, wo Altes und Neues nebeneinander vorkommen. Da Musterbücher eng mit dem Produktionsprozeß und der Produktionsweise von bildender Kunst verbunden sind, eignen sie sich besonders gut – wie ein Seismograph – zum Aufspüren von Veränderungen und Neuerungen. Ein Paradebeispiel dafür ist das vorliegende Skizzenbuch des Jaques Daliwe.

Im Gegensatz zur üblichen Tradition besteht das Daliwesche Skizzenbuch zur einen Hälfte aus vollständigen Kompositionen oder Darstellungen in pseudoszenischen Landschaftszusammenhängen, zur anderen Hälfte aus Halbfiguren und Köpfen, die in szenischem oder pseudoszenischem Kontakt miteinander stehen. Die vollständigen Kompositionen zeichnen sich durch eine spezielle Ikonographie mit außergewöhnlichen Elementen aus. Diese Besonderheiten lassen sich insofern leicht feststellen, als es sich zumeist um religiöse Szenen handelt, deren Bildtradition gut bekannt und verfolgbar ist. Eigentümlichkeiten dieser Art sind beispielsweise in den vier Sirenen zu sehen, die die Szene der Marienkrönung umgeben (Xa), da Sirenen in religiösen Darstellungen der Zeit nur in wenigen Ausnahmefällen vorkommen und kein einziges Mal bei einer Marienkrönung (siehe S. 46).

Eine weitere Besonderheit ist die Verkündigungsmaria in einem Zelt mit fleurs-de-lis-Musterung als Vision des Evangelisten Lukas (IVb). Die Darstellungen des Pilgerzuges vor einer Stadt und des Einsiedlers vor seiner Behausung mit angebauter Kapelle sind seltene religiöse Themen (IIb, VIIIa), zudem die beiden einzigen Szenen, in denen die Architektur nicht nur die Hintergrundkulisse darstellt, sondern einen wichtigen Bestandteil der Erzählung bildet. Ferner ist das Schmerzensmannbild, das die Erscheinung des toten Christus in einer Engelsgloriole zwischen den am Boden hockenden trauernden Gestalten der Maria und Johannes wiedergibt, eine eigenständige Variation des Themas durch unseren Künstler (IIIa). Für die Kunst um 1400 ist bezeichnend, daß bei manchen Themengruppen ein freieres Umgehen mit der Bildtradition bemerkbar wird. So können gerade im Bereich der Passion verschiedenste Kombinationen und fließende Übergänge von thematisch verwandten Szenen auftreten, zum Beispiel von Kreuzigung, Kreuzabnahme, Beweinung, Pietà und Schmerzensmann, wobei die letzteren schon aus dem Passionsgeschehen herauskristallisierte Andachtsbilder sind. Dies ist ein Vorgang, der sich während des 14. Jahrhunderts im Sinne einer Vermenschlichung und Emotionalisierung des biblischen Geschehens abspielte. Die Kombinationen der verschiedenen ikonographischen Elemente auf den Jaques-Daliwe-Zeichnungen (Marienkrönung mit Sirenen, Schmerzensmann als Vision der trauernden Maria und Johannes, Verkündigung in einem Zelt als Vision des Evangelisten Lukas) kommen in keinem anderen Werk der Zeit vor. Die ikonographischen Einzelteile finden sich jedoch in zeitgenössischen Werken.[71] Sie wurden vom Künstler selbst zusammengestellt und sind *Ausdruck einer subjektiven religiösen Phantasie.* Dieser sehr persönliche Umgang mit der Ikonographie und einer Bilderfindung im Sinne einer eigenständigen Kombination bekannter Elemente läßt auf ein *Skizzenbuch für den persönlichen Gebrauch* schließen. Einige Darstellungen sind in einen Landschaftsgrund gebettet, was mit der strengen Musterbuchpraxis nicht vereinbar ist, bei der die einzelnen Beispiele ja isoliert ohne Ambiente dargestellt wurden; dies muß als weiteres Zeichen für die Loslösung von der mittelalterlichen Musterbuchtradition gewertet werden. Die Szenen enthalten jeweils ein Hauptmotiv und eine von Mensch und Tier belebte Landschaftsszenerie. Eine einzige dieser Szenen – die Heimsuchung (XIIa) – ist eindeutig identifizierbar. Bei den übrigen Täfelchen handelt es sich um einen Ochsentreiber, eine auf einem Greif reitende Dame und einen Drachenkämpfer (Xb, Vb, VIIIb). Ihre genauere Identifizierbarkeit ebenso wie die der Halbfigurenzeichnungen (IIIb, Va, VIb, IXa) ist nur annähernd oder gar nicht möglich, weil die Szenen größtenteils dem Bereich der Profankunst zugehören, deren Überlieferung lückenhaft ist. Dieses Faktum wirft ein Licht auf den Zweck dieses Musterbuches, der nicht vorrangig in der kollektiven Verwertbarkeit einer Werkstattgemeinschaft lag, sondern ein *privates Merkbuch des Künstlers* darstellte.

Bei der Durchsicht dieser Szenen, deren Auswahl sehr eigenwillig ist, erhalten wir ein Bild der persönlichen Vorlieben des Künstlers und nicht so sehr einen Einblick in die Bedürfnisse einer Werkstatt. Die Halbfigurenszenen weisen auf eine Bildgattung, die zu Beginn des 16. Jahrhunderts besonders gepflegt wurde, ferner außergewöhnliche Themen beinhaltet – u.a. die drei Szenen, in denen erotische Beziehungen von Mann und Frau thematisiert werden (siehe S. 35 ff.). Dieser individuelle Charakter, der auf ein persönliches Skizzenbuch und nicht auf kollektive Verwendung schließen läßt, verweist auf die beginnende Renaissance, in der das einzelne Künstlerindividuum mehr Gewichtung erfuhr, in der neue Themenbereiche entwickelt wurden, das Naturstudium und das Porträt zur höchsten Blüte gelangten.

[71] Die ikonographischen Vergleichsbeispiele zum Schmerzensmann finden sich bei Kreuter-Eggemann, S. 18 ff., Abb. 8–11.

Darstellungen von nicht vollständigen, d.h. fragmentierten Exempla kommen mit einigen Ausnahmen vor 1400 kaum vor. Innerhalb der fragmentierten Formen nehmen die menschlichen Köpfe und Figurenbüsten eine Sonderstellung ein. Sie wurden für sich als Simile festgehalten, etwa bei Villard de Honnecourt um 1230/1240 als frühem Beispiel, auf einem neapolitanischen Blatt im Fogg Art Museum aus dem zweiten Viertel des 14. Jahrhunderts oder auf einem Blatt, das dem Agnolo Gaddi zugeschrieben und um 1380 angesetzt wird.[72] Das Interesse an Vorlagen von Kopftypen war so groß, daß sich ein eigener Typus von Musterbuch herausbildete, der sich auf menschliche Kopftypen und Tierschädel spezialisierte. Berühmtes Beispiel ist das nach Böhmen in das erste Viertel des 15. Jahrhunderts einzuordnende Faltbüchlein im Wiener Kunsthistorischen Museum (Abb. S. 72 unten). Durch die Art der Montierung – jede Zeichnung ist mit einem Holzrähmchen eingefaßt – werden die Büsten wieder zu einem kompletten «Ganzen», ähnlich einem Porträtbild.

Wie Degenhart und Schmitt in ihrem Corpus der frühen italienischen Zeichnungen herausarbeiteten, gab es schon im Trecento musterbuchartige Sammlungen von Bildniszeichnungen bekannter Persönlichkeiten, wie von Dante, Boccaccio und Petrarca oder von verschiedenen Herrschern.[73] Sie sind uns in Kopienketten überliefert, an deren Anfängen wir uns jeweils eine gezeichnete, echte Bildnisstudie vorstellen müssen. Der Zusammenhang solcher Zeichnungen mit der Herausbildung des Porträts als selbständiger Kunstgattung und Formgelegenheit ist eindeutig.

In den beiden einzigen erhaltenen Skizzenbüchern des franco-flämischen Bereichs – demjenigen von Jacquemart de Hesdin aus dem letzten Viertel des 14. Jahrhunderts und dem vorliegenden von Jaques Daliwe, zwischen 1400 bis 1420 entstanden – kommen Halbfigurenszenen und einzelne Kopfstudien häufiger vor (Abb. S. 73, 74, 75). Es muß jedoch deutlich zwischen den Exempla für einzelne Köpfe und den in einem Handlungszusammenhang verstrickten Büsten und Halbfiguren, den Halbfigurenbildern, im Daliweschen Skizzenbuch unterschieden werden. Erstere lassen sich mit den in Musterbüchern vorkommenden Typen-

[72] Musterbuch des Villard de Honnecourt, Paris, Bibl. nat., Ms. fr. 19093, f. 18r, siehe Hahnloser, op. cit., Taf. 35. – Degenhart-Schmitt, Corpus, op. cit., Kat. 20, Abb. 44d (neapolitanisches Blatt, Cambridge, Fogg Art Museum, Inv. 1932.127) und Kat. 93, Abb. 143a (Agnolo Gaddi, Mailand Castello Sforzesco, Inv. Nr. 10).

[73] Degenhart-Schmitt, Corpus, op. cit., S. XXIX, XXX.

sammlungen vergleichen (IVa, VIIa, IXb, XIa, XIb). Nicht zufällig finden sich auf diesen Tafeln typische Musterbuchköpfe, wie der nach oben Blickende mit leicht geöffnetem Mund und sichtbaren Zähnen (Abb. S. 72 unten; VIIa) und der en face in leichter Untersicht gesehene Kopf mit Einblick in die Nasenlöcher. Wie bei einer buntgemischten Sammlung von Menschentypen sind auf einem Täfelchen (VIIa) unterschiedliche Köpfe und Menschenrassen, etwa ein negroider Kopf, festgehalten, außerdem phantasievolle Kopfbedeckungen, die den exotischen Charakter der Dargestellten unterstreichen: ein spitzer, leicht gebogener «Judenhut», eine «Diademhaube», ein Turban.

Auf der Tafel mit dem Pilger und der Frau (IVa) setzt Jaques Daliwe die an sich nicht zusammengehörenden Figuren durch Auflegen der Hand des Pilgers auf die Schultern der Dame in Beziehung – ein typisches Merkmal seiner Kunst. Während der Pilger einen langbärtigen «Aposteltypus» wiedergibt, rückt das Frauenbildnis in Porträtnähe. Eingehendes Detailstudium verrät die komplizierte Kopfbedeckung mit dem über die Wangen reichenden zarten Schleier. Die Gesichtszüge sind sehr lebendig. Wenn auch keine unmittelbare Porträtstudie angenommen werden kann, so fließen doch eine Reihe von Naturbeobachtungen direkt ein.

Einen Schritt weiter ist unser Künstler bei der Zeichnung mit den fünf Kopfstudien gegangen, auf der er in der rechten unteren Ecke eine Halbfigur einer Frau zeichnete, die *alle Merkmale von Porträts aus der Frühzeit der altniederländischen Malerei* besitzt (IXb). In leichter Dreiviertelwendung schaut sie sinnend den Betrachter an, so als ob sie dem Zeichner «gesessen» hätte. Typisch für die frühen niederländischen Porträts ist der kleine, «geschrumpfte» Oberkörper mit hochgeschnürter Brust, auf dem ein etwas zu groß geratener Kopf sitzt. Ein ähnliches Verhältnis von Rumpf zu Kopf kann an Hand der Kopien des im Original nicht erhaltenen Porträts der Isabella von Portugal, das Jan van Eyck auf seiner Reise 1429 fertigte, festgestellt werden, insbesondere, wenn man denselben Ausschnitt wie bei der Daliwe-Zeichnung, nämlich lediglich bis zur Taille ohne Unterarme und Hände – vergleicht (Abb. S. 87 unten). Die Daliwesche Kopfbedeckung, eine Gugel, die mit breitem Umschlag auf die Schulter der Frau herabfällt, kann den vielfach gefalteten Kopftücher-Hauben des Meisters von Flémalle zur Seite gestellt werden. Diese in mehreren Schichten das Gesicht einfassenden Kopfbedeckungen – bei Daliwe an der linken Seite – haben zur Folge, daß die angedeutete Tiefenwirkung der Dreiviertelwendung des Kopfes sich wieder in die Fläche einbindet, ein für die Kunst des Meisters von Flémalle ganz typisches Prinzip der Flächenordnung (Abb. S. 87 oben).[74]

In dem Nebeneinander von idealisiertem, nicht wirklich geschautem Typus und dem individuellen, der Wirklichkeit abgeschauten Gesicht ist die Zeichnung exemplarisch für die Vorlagensammlungen des beginnenden 15. Jahrhunderts. Es sei beispielsweise an die Tierstudien in den oberitalienischen Musterbüchern erinnert. Mit der verstärkten Natur- und Wirklichkeitsbeobachtung setzt sich das Daliwesche Skizzenbuch deutlich von den noch typenhaften Kopfdarstellungen des Jacquemart de Hesdin ab, die noch dem 14. Jahrhundert verhaftet sind (Abb. S. 73, 74, 75).

Halbfigurenbild – Entwicklung einer neuen Bildgattung innerhalb eines Skizzenbuches

Einige Täfelchen weisen Halbfigurenszenen auf (IIIb, Va, VIb, IXa). Nach den einschlägigen Untersuchungen von Ringbom entwickelten sich narrative Darstellungen von Halbfiguren erst im Laufe des 15. Jahrhunderts und erreichten ihren Höhepunkt zu Beginn des 16. Jahrhunderts in Norditalien und den Niederlanden.[75] Dies bedeutet, daß *zur Zeit von Daliwe, nämlich in den ersten beiden Jahrzehnten des 15. Jahrhunderts, eine Bilderzählung in Halbfiguren eine ganz moderne, in die Zukunft weisende Gattung war.*

Die Darstellungen auf den Täfelchen von Jaques Daliwe haben jeweils am unteren Bildrand – der kritischen Stelle von «abgeschnittenen» Figuren – einen formal gelösten Abschluß. Entweder sind es abgewinkelte bildparallel verlaufende Arme (die drei Unterarme der drei Damen in der Entkleidungsszene, IIIb) oder im leichten Bogen drapierte Gewandteile in Kombination mit Händen wie in der «Verlobungsszene» (IXa). In anderen spätmittelalterlichen Musterbüchern kommen Halbfigurenszenen nicht vor, mit Ausnahme des ebenfalls aus dem francoflämischen Raum stammenden Skizzenbuchs von Jacquemart de Hesdin.

Beim Tanz der Wilden Männer (Abb. S. 73, 75) bricht die Zeichnung Jacquemarts bei zwei Figuren abrupt nach den Oberarmen und Ellbogen ab, Unterarme und Hände fehlen. Die entsprechenden Darstellungen haben keinen unteren Ab-

[74] Zur Isabella von Portugal siehe Kurt Bauch, Bildnisse des Jan van Eyck, in: Studien zur Kunstgeschichte, Berlin 1967 (mit einem Kapitel zur Isabella), S. 85 ff., Abb. 20, 28. – Pächt, Gestaltungsprinzipien, op. cit., S. 81 ff. untersuchte dieses für die altniederländische Malerei bestimmende Primat der Flächenordnung. Weitere Vergleichsbeispiele bei Max J. Friedländer, Rogier van der Weyden and the Master of Flémalle (bearbeitet von Nicole Veronee-Verhaegen), Leiden 1967, Taf. 81, 83, 89.

[75] Sixten Ringbom, Icon to Narrative. The Rise of the Dramatic Close-up in Fifteenth-Century Devotional Painting, Åbo 1965.

schluß, der Fragmentcharakter – als Ausschnitt aus einem größeren Ganzen – bleibt im Gegensatz zu den Zeichnungen von Jaques Daliwe vorherrschend.

Die folgenden Beispiele sollen aufzeigen, daß es zur Zeit von Jaques Daliwe Vorstufen und beginnende Konkretisierungen der *Bildgattung «narratives Halbfigurenbild»* gab. Eine Generation später wurden von Jan van Eyck und Jacopo Bellini, auf ihnen aufbauend von Giovanni Bellini und Andrea Mantegna, bedeutende Halbfigurenkompositionen erfunden.[76] Die Beschäftigung mit dem Problem der Darstellung von Halbfiguren – allerdings nicht im szenischen Zusammenhang – stellte sich beim Porträt, einer Bildgattung, die Halbfigurenbildnisse im zweiten Jahrzehnt des 15. Jahrhunderts hervorbrachte. Das im franco-flämischen Raum entstandene Damenporträt in Washington und das Bildnis von Jean sans Peur dokumentieren dies.[77] Beim burgundischen Herzog ist die Halbfigurigkeit durch eine Brüstung, auf der sein Arm liegt, gegenständlich motiviert, ähnlich dem Bildnis der Isabella von Portugal, einem frühen Bildnis von Jan van Eyck von 1429 (Abb.

[76] Zu den nicht im Original erhaltenen Schöpfungen von Jan van Eyck siehe Ursula Panhans-Bühler, Eklektizismus und Originalität im Werk des Petrus Christus, Wien 1978, S. 91 ff. Die Autorin weist nach, daß das Eligiusbild von Petrus Christus (1449 datiert) auf ein Wechslerbild von Jan van Eyck zurückgeht. Also Jan das Begründungsbild eines halbfigurigen Wechslerbildes schuf, außerdem mit großer Wahrscheinlichkeit auch dasjenige einer halbfigurigen Dame bei der Toilette (S. 93, Anm. 195). – Zu den Halbfigurenstücken bei den Bellinis und Mantegna siehe Ringbom, op. cit., Abb. 26–34, 41 (Jacopo Bellini), 61–68, 111, 113.

[77] Damenporträt in Washington, National Gallery of Art, franco-flämisch, gegen 1420, siehe Panofsky, op. cit., Abb. 92, und Meiss, The Limbourgs, op. cit., S. 228, 246 f., Abb. 606. – Porträt des Jean sans Peur, Paris, Musée du Louvre, Kopie des 16. Jahrhunderts nach einem Original, das vor 1419, dem Todesjahr des burgundischen Herzogs, entstanden sein mußte. Panofsky, op. cit., Abb. 94, und Meiss, The Late Fourteenth Century, op. cit., Abb. 506. – Zum Porträt im niederländisch-französischen Raum um 1400 siehe: Charles Sterling, La peinture de portrait à la cour de Bourgogne au début du XV^m^ siècle, in: Critica d'arte, Jg. 6, 1959, S. 289–312, sowie Kurt Bauch, Bildnisse des Jan van Eyck (mit einem Kapitel zur Herkunft der Janschen Bildniskunst), op. cit., S. 79 ff. – Zur Frage des Porträts in der zweiten Hälfte des 14. Jahrhunderts in Frankreich siehe die Besprechung des Buches von Claire Richter Shermann, The Portraits of Charles V of France (1338–1380), New York 1969, von Gerhard Schmidt, in: Zeitschrift f. Kunstgeschichte, Bd. 34, 1971, S. 72 ff.

S. 87 unten). Bei beiden Porträts wird das Bild mit dem im rechten Winkel abgebogenen Arm abgeschlossen, ebenso wie bei den drei Damen in der Daliwe-Zeichnung (IIIb).

Auch im Bereich der religiösen Kunst gab es Halbfigurenstücke, die sich im 14. Jahrhundert herausgebildet haben, wie die Darstellung des Schmerzensmannes, die manchmal durch Engel szenenhaft erweitert wurde, zeigt. Es sei außerdem an das Thema der Madonna mit Kind oder an einzelne Heilige erinnert, die ebenfalls halbfigurig dargestellt wurden, beispielsweise die monumentale Folge in der Kreuzkapelle auf Burg Karlstein bei Prag (1365 datierbar).[78] Himmelserscheinungen werden in der Kunst um 1400 vorzugsweise als Halbfiguren dargestellt, späte Beispiele aus den Jahren 1415–1420 weisen auch Dreiviertelfiguren auf, etwa in den Très Riches Heures der Limburgs oder in den Grandes Heures de Rohan.[79] Dies bietet einen Anhaltspunkt für die Datierung der entsprechenden Daliweschen Zeichnung gegen 1420 (IIIb). Szenische Darstellungen wurden hingegen nur in seltenen Fällen, vor allem im Umkreis des Boucicaut-Meisters mittels eines Ehrentuchs oder einer ehrentuchartigen Landschaftsrampe zu Szenen von Halb- und Dreiviertelfiguren reduziert (Abb. S. 88 oben/unten).[80]

Für die profanen Szenen mit Halb- oder Dreiviertelfiguren im vorliegenden Skizzenbuch nimmt Kreuter-Eggemann unter Berücksichtigung von Kopien des 16. Jahrhunderts nach Vorlagen aus der Limburgzeit an, daß die Brüder Limburg einen Zyklus von Dreiviertelfigurenbildern aus dem thematischen Bereich der

[78] Antonìn Fiedl, Magister Theoderich. Das Problem seiner malerischen Form, Prag 1956, Abb. 48–50. Auf der Tafel der hl. Elisabeth erweiterte der Maler das Attribut, einen Bettler, zu einer genrehaften Szene zweier Halbfiguren (der Bettler deutlich kleiner als die Heilige). Elisabeth speist den Armen, indem sie ihm einen Löffel voller Suppe reicht.

[79] Dreiviertelfigurige Himmelserscheinungen bei den Limburgs siehe Otto Pächt, The Limbourgs and Pisanello, in: Gazette des Beaux Arts, 62, 1963, S. 109 ff. – In den Grandes Heures de Rohan, Paris, Bibl. nat., Ms. lat. 9471, ff. 33v, 38r, 45r. Marcel Thomas, The Rohan Book of Hours, London 1973, Abb. 36, 39, 43 (Faksimile).

[80] Beispielsweise folgende Handschriften aus der Boucicaut-Werkstatt: Paris, Bibl. nat., Ms. fr. 2810, f. 126r, vor 1413 und London, British Library, Egerton Ms. 1070, ff. 83v, 97r, 104v, um 1410. Millard Meiss, The Boucicaut Master (French Painting in the Time of Jean de Berry), London 1968, S. 95, 116 f., Abb. 93, 206–208.

Liebesikonographie schufen. In einem Analogieschluß schlägt die Autorin als Vorlage der Entkleidungsszene (IIIb) ein verlorengegangenes Tafelbild von Pol Limburg vor.[81]

Wie weiter oben ausgeführt wurde, entspricht die völlige Ausrichtung dieser Szenen auf die Figuren den künstlerischen Intentionen von Jaques Daliwe: Sie ist charakteristisch für seine Erzählweise, die mit den Mitteln intensiver Blickkontakte und einer lebhaften Gebärdensprache operiert. Die Bildform der Halbfigurenszene mit ihrer Nahsichtigkeit ermöglicht eine Konzentration auf die Figuren, ihre Physiognomie und Gebärden.

Auf Grund der genannten Charakteristika der Bildwelt Jaques Daliwes kann als These angenommen werden, daß *seine Erzählweise der Bildgattung «Halbfigurenbild» dialektisch entspricht* und daß er sich gerade deshalb mit diesem Bildtypus auseinandersetzte. Wie erwähnt, sind ja Ansätze zu solchen Bildfindungen im zeitgenössischen Denkmälerbestand vorhanden. Doch noch ein anderer Umstand förderte die Bildung von Halbfigurenszenen, nämlich das Medium der Zeichnung.

Die Zeichnung selbst beginnt damals ein Experimentierfeld zum Entwerfen, für die Invention zu werden. Die Halbfigurenszenen im Daliweschen Skizzenbuch können durch verschiedene Vorgangsweisen des Künstlers entstanden sein: zum einen durch Adaptierung eines ganzfigurigen Vorbilds, außerdem durch Kopieren und Variieren von halbfigurigen Vorlagen oder aber durch eigenes Entwerfen. Für die Entstehung und Herausbildung der Daliweschen Halbfigurenszenen erscheint am wahrscheinlichsten ein Zusammenwirken aller aufgezählten Möglichkeiten. Diese Annahme wird durch die Beschäftigung mit der Musterbuchtradition, in der das Variieren eine Quelle von Formerfindung war, bestätigt. Die «kopierenden und formentwickelnden Zeichnungen sind im Trecento untrennbar», betonen Degenhart und Schmitt.[82] An Hand der Untersuchung des niederländischen Skizzenbuches in den Uffizien vom ersten Viertel des 15. Jahrhunderts konnte nachgewiesen werden, daß bei der Variation zur Figur der Jungfrau

[81] Kreuter-Eggemann, S. 34, Abb. 46 zählt einige Kopien aus dem 16. Jahrhundert auf, die auf ein und dasselbe Original aus der Limburg-Zeit zurückzuführen sind (Abb. 46 bringt eine Kopie des 1579 datierten Kupferstiches von Pieter Perret). Köllner, op. cit., S. 72 hält es für möglich, daß es eine ganzfigurige Präsentationsszene der Limburgs gab, meint jedoch, daß die Fassung als Dreiviertelfigurenbild nicht von den Limburgs stammen kann, sondern erst im Manierismus geschaffen wurde.

[82] Degenhart-Schmitt, Corpus, op. cit., S. XV, XXIII.

aus der Georgsszene eine Figur entstand, die außerhalb der ikonographischen Tradition lag und als echte Entwurfsskizze angesehen werden muß.[83] Damit wird eine individuelle Kunstpraxis angedeutet, die in der Folge der Invention besondere Bedeutung beimißt.

Neue Bildformen wie das Halbfigurenstück konnten in den ersten Jahrzehnten des 15. Jahrhunderts am ehesten im Rahmen eines persönlichen Skizzenbuches ausprobiert und notiert werden. So waren es auch die beiden Skizzenbücher des Jacopo Bellini, in denen ab zirka 1430 während des ganzen Lebens des Künstlers oft kühne Kompositionserfindungen festgehalten wurden, die jedoch erst geraume Zeit später in der venezianischen Malerei zum Tragen kamen und einen bedeutenden Einfluß ausübten. Die persönlichen Skizzenbücher Jacopo Bellinis entstanden unabhängig von allen Zweckbindungen als autonome Kunstwerke und nicht als Vorzeichnungen oder Studien zu einem ausgeführten Werk.[84]

Die Zeichnung als das kongeniale Medium für Erfindungen – für die Idea – wurde in der Hochrenaissance voll entwickelt.

Diese neue Aufgabe der Zeichnung kristallisierte sich jedoch schon innerhalb der Muster- und Skizzenbücher heraus. *Das Daliwesche Skizzenbuch ist eines der frühesten Beispiele, in der sich diese Entwicklung der Zeichnung als das entsprechendes Medium für Entwürfe und selbständige Schöpfungen ankündigte.*

[83] Jenni, Das Skizzenbuch in den Uffizien, op. cit., S. 85 f., Taf. 16, 17 (Florenz, Uffizien, Gabinetto delle Stampe, Inv. 2280 F r und Inv. 18306 F r.

[84] Bernhard Degenhart-Annegrit Schmitt, Jacopo Bellini. Der Zeichnungsband im Louvre, München 1984 (Faksimile).

Konkordanz

Übersicht der Tafelnumerierungen in der Literatur

		Kreuter-Eggemann 1964 Abb. aller Täfelchen
Ia	Deckplatte	
Ib	Die Evangelisten Matthäus und Markus	I
IIa	Geißelung Christi	IIa
IIb	Pilgerzug vor einer Stadt	IIb
IIIa	Schmerzensmann mit Maria und Johannes	IIIa
IIIb	Drei modisch gekleidete Damen, drei Männerköpfe	IIIb
IVa	Bärtiger Pilger und weiblicher Kopf	IVa
IVb	Evangelist Lukas und Verkündigung	IVb
Va	Christus zwischen zwei Aposteln	Va
Vb	Auf einem Greif reitende weibliche Figur mit Hirt und Herde	Vb
VIa	Drei Männer und eine Frau, Hand mit Verspottungsgeste	VIa
VIb	Junge Frau und zwei alte Männer	VIb
VIIa	Acht Köpfe	VIIa
VIIb	Adler und Schwan	VIIb
VIIIa	Einsiedler vor einer Klause	VIIIa
VIIIb	Drachenkampf	VIIIb
IXa	Eine Frau mit drei Männern	IXa
IXb	Fünf Köpfe	IXb
Xa	Marienkrönung mit vier Sirenen	Xa
Xb	Ochsentreiber und Prophet in Landschaft	Xb
XIa	Mädchen im Profil und zwei Männer	XIa
XIb	Vier Köpfe	XIb
XIIa	Heimsuchung in einer Hirtenlandschaft	XII
XIIb	Rückplatte	

Haßelberg 1930 4 Abb. (ebenso DSB)	Wilken 1830 18 Lithographien	Troescher 1966 Abb. aller Täfelchen und der 18 Lithographien von 1830	Meister Franke Katalog 1969 2 Abb.
10	1	6	31 a
1	–	1	31 c
5	–	11	31 d
3 (Abb.)	–	2	31 e (Taf. 44)
2	11	13	31 f
14	5	18	31 g
8	2	3	31 h
11 (Abb.)	9	12	31 i
4 (Abb.)	7	9	31 j
9	16	16	31 k
7	15	14	31 l
19	18	21	31 m
15	8	22	31 n
17	4	7	31 o
22	6	10	31 p (Taf. 44)
18	17	15	31 q
13	14	20	31 r
12	10	5	31 s
21	3	8	31 t
16	12	17	31 u
20 (Abb.)	13	19	31 v
6	–	4	31 b

Literatur

Folgende Autoren beschäftigten sich ausführlich mit dem Skizzenbuch des Jaques Daliwe:

Friedrich Wilken, Entwürfe und Studien eines niederländischen Meisters aus dem XV. Jahrhundert. Nach den in der Königl. Bibliothek zu Berlin aufbewahrten Originalen, Berlin 1830 (mit 18 Lithographien von Karl Paltzow).

Carl Schnaase, Geschichte der bildenden Künste im Mittelalter, Bd. IV, Düsseldorf 1874, S. 539–542, Fig. 115.

L. Baer, Jaques Daliwe, in: Thieme–Becker, Künstlerlexikon, Bd. VIII, Leipzig 1913, S. 297f.

Joseph Meder, Die Handzeichnung. Ihre Technik und Entwicklung, Wien 1919, S. 196f., 496.

Bella Martens, Meister Francke, Hamburg 1929, S. 89.

Maria Theresia Hasselberg, Liber pictus A 74 der Preuß. Staatsbibliothek zu Berlin. Ein Beitrag zur Erforschung mittelalterlicher Skizzen- und Musterbücher, Zeulenroda 1936.

Grete Ring, A Century of French Painting 1400–1500, London 1949, Nr. 75, Abb. 23, 24.

R. W. Scheller, A Survey of Medieval Model Books, Haarlem 1963, Einleitung S. 6, 12, 13, 31, 33, Katalog Nr. 15, S. 109–111, Fig. 65–68.

Helga Kreuter-Eggemann, Das Skizzenbuch des «Jaques Daliwe», München 1964.

R. W. Scheller, (Buchbesprechung) Helga Kreuter-Eggemann, Das Skizzenbuch des «Jaques Daliwe», München 1964, in: Oud Holland 1965, S. 247f.

L. M. J. Delaissé, Une contribution capitale à l'étude du «style international»: l'edition de l'album d'esquisses de Jaques Daliwe, in: Scriptorium, XX, 1966, S. 281–284 (Buchbesprechung von Kreuter-Eggemann).

Georg Troescher, Burgundische Malerei, Berlin 1966, S. 226–231, Abb. 362–401 (Nebeneinander abgebildet die Originale und die Lithographien aus dem Jahr 1830 von Karl Paltzow aus der Publikation von Wilken).

Gertrud Schiller, Ikonographie der christlichen Kunst, Gütersloh 1968, Bd. 2, S. 227f. Abb. 742 (zum Schmerzensmann)

Meister Francke und die Kunst um 1400, Ausstellungskatalog Hamburg 1969, Nr. 31a-v, Taf. 44.

HERBERT KÖLLNER, (Buchbesprechung) Helga Kreuter-Eggemann, Das Skizzenbuch des «Jaques Daliwe», München 1964, in: Zeitschrift f. Kunstgeschichte, Bd. 33, 1970, S. 68–75.

MAJMIR S. FRINTA, (Buchbesprechung) Helga Kreuter-Eggemann, Das Skizzenbuch des «Jaques Daliwe», München 1964, in: Art Bulletin, LII, 1970, S. 100–102.

ULRIKE JENNI, Das Skizzenbuch der internationalen Gotik in der Uffizien. Der Übergang vom Musterbuch zum Skizzenbuch, Wien 1976, S. 13 f., 25, 28, 78, 83 f., Abb. 46.

ULRIKE JENNI, Vom mittelalterlichen Musterbuch zum Skizzenbuch der Neuzeit, in: Die Parler und der Schöne Stil 1350–1400 (Europäische Kunst unter den Luxenburgern), Köln 1978, Bd. 3, S. 139–150.

MARTA OSTERSTROM RENGER, The Wiesbaden Codex B 10 and Netherlandish Art Around 1400, Ph. D. dissertation, Harvard University, 1985.

Als im Jahre 1817 der Historiker und Orientalist Friedrich Wilken (1777–1840) aus Heidelberg zum Oberbibliothekar der Königlichen Bibliothek in Berlin berufen wurde, urteilte der als klatschsüchtig und unkollegial verschrieene Johann Gottlob Schneider (Saxo): «Daß Wilken in die Berliner Bibliothek mehr Ordnung bringen wird, daran zweifle ich. Die Herren sind alle sehr zerstreut und Kollegia lesen läßt sich nicht gut mit solchen angestrengten Arbeiten vereinigen.»[1] Aber er irrte sich! Gerade Wilken war es, der mit den von ihm eingeleiteten organisatorischen Maßnahmen die Bibliothek auf den Weg zu einer modernen Gebrauchsbibliothek führte. Da ihm auch die Handschriftensammlung persönlich unterstand, legte er durch Neuordnung und Neukatalogisierung der Handschriften die Grundlagen für die heutigen Handschriftenkataloge der Deutschen Staatsbibliothek. Zu dem von Wilken geschaffenen Signaturensystem der Handschriften gehören auch die «Libri picturati», die aber zu seiner Zeit weitaus umfangreicher waren als heute. Neben den wirklich «gemalten» Büchern waren hier auch Kupferstiche, Holzschnitte, ja sogar Kupferplatten eingeordnet. Der Katalog der «Libri picturati et tabularum aere expressarum collectiones» von etwa 1818/1820[2] verzeichnet im Format «folio» unter Nr. 7: «Schreibtafel. /:Enthält 22 Zeichnungen auf 12 hölzernen Tafeln in 8°:/», in der für den Umfang vorgesehenen Spalte ist eine «3» (d.h. in drei Rahmen gefaßt) vermerkt. Diese heute als «Skizzenbuch des Jaques Daliwe» bekannten Zeichnungen haben Wilken so sehr interessiert, daß er sie, obwohl kein Kunsthistoriker, 1830 in recht originalgetreuen Lithographien publizierte und mit einem Kommentar versah.[3] Doch schon in seiner «Geschichte der Königlichen Bibliothek zu Berlin» (Berlin 1828) hatte er auf diese Kostbarkeit hingewiesen und auch erstmals die Namenseinzeichnung «Jaques daliwe» auf einem der Täfelchen bekanntgemacht.[4]

[1] Brief vom Januar 1817 an H. F. v. Diez in Berlin (DSB Berlin, Ms. Diez. C quart. 125, f. 57v). – Schneider (1750–1822) war Direktor der Universitätsbibliothek Breslau.

[2] DSB Berlin, Ms. Cat. A 473.

[3] Entwürfe und Studien eines niederländischen Meisters aus dem XV. Jahrhundert. Nach den in der Königl. Bibliothek zu Berlin aufbewahrten Originalen, Berlin 1830.

[4] S. 235: «7. Zwölf Tafeln von Buchsbaumholz in der Größe von Kleinoktavblättern, Zeichnungen verschiedener Gegenstände theils mit Kreide theils mit Bleistift, enthaltend. Die beiden Tafeln, welche zur Decke dienten, sind nur auf den inneren Seiten, die übrigen auf beiden Seiten mit Zeichnungen versehen. Der Zeichner hat auf einer dieser Tafeln seinen Namen hinzugefügt: Jaques daliwe.»

Im Jahre 1900, als die Sammlung inzwischen stark angewachsen war, wurde ein neues Verzeichnis angelegt[5], das nun, in mehrere Gruppen entsprechend dem unterschiedlichen Material unterteilt, in der Gruppe A «Gemälde und Zeichnungen» unter der Nr. 74 wiederum die «Schreibtafel» nennt, diesmal etwas ausführlicher beschrieben: «12 hölzerne Tafeln in drei Papprahmen gefaßt und in einem Futteral in Folio befindlich. Enthält 22 Bleistift-Zeichnungen ‹Entwürfe und Studien eines niederländischen Meisters aus dem XV. Jahrhundert› nach welchen die unter diesem Titel i. J. 1830 erschienenen Lithographien angefertigt sind.» Daneben steht von anderer Hand: «Der Zeichner hat auf einer dieser Tafeln seinen Namen hinzugefügt Jaques daliwe (Dalime, Daliar?)». 1942 wurde die alte Sammlung der Libri picturati aufgelöst, vieles daraus in andere Sammlungen der Bibliothek (z. B. die «Rara») überführt oder an das Kupferstichkabinett abgegeben. Übrig blieben nur Teile der alten Gruppe A und in ihr das «Skizzenbuch des Jaques Daliwe» mit der Signatur «Liber picturatus A 74», unter der es noch heute geführt wird.

Die zwölf Täfelchen sind zu je vier in einen Papprahmen von 255 x 335 mm gefaßt. Der Rahmen ist 25 mm breit, die Querstege 27 mm, so daß die Bildflächen durchschnittlich 88 x 128 mm betragen. Die Pappe ist mit dunkelblauem Papier bezogen, dessen Wasserzeichen stellenweise erkennbar, aber wegen der schmalen Flächen nur bruchstückhaft erhalten ist. Es handelt sich um eine Tanne mit ornamental verschlungenem Wurzelwerk vom Typ Nostitz Papers 727[6]. Leider besitzt selbst die Papierhistorische Sammlung des Deutschen Buch- und Schriftmuseums in der Deutschen Bücherei in Leipzig keinen Nachweis für diesen speziellen Typ, der auch noch durch Initialen ergänzt wird, von denen aber nur ein N noch eindeutig zu verifizieren ist. Ein Wasserzeichen ähnlichen Typs, jedoch ohne Initialen und mit weniger kunstvoll verschlungenem Wurzelwerk, wurde 1811 in Berlin verwendet (auch für 1809 ohne Ortsangabe nachgewiesen), doch ist die Papiermühle nicht bekannt.[7] Es kann angenommen werden, daß die Rahmen zu unseren Täfelchen und der zugehörige Schuber für die Bibliothek angefertigt wurden, wodurch die Ortsangabe Berlin für das vergleichbare Wasserzeichen an Interesse gewinnt. Die Kanten der Rahmen sind mit einer einfachen Ornamentrolle blind verziert, mit der gleichen Rolle, jedoch in Goldpressung, sind die Kanten der

[5] DSB Berlin, Ms. Cat. A 504.

[6] The Nostitz Papers, Hilversum 1956. (Monumenta Chartae Papyraceae Historiam Illustrantia. 5.)

[7] Für die angeführten Angaben bin ich Herrn Dr. Wolfgang Schlieder, dem Leiter der Papierhistorischen Sammlung, sehr zu Dank verpflichtet.

Oberseite des Schubers versehen. Der Schuber besteht ebenfalls aus Pappe und ist mit ziegelrotem gepunztem Papier bezogen. In der Mitte der Oberseite ist in kursiven goldenen Lettern «Schreibtafel» eingepresst. Die Art des Bezuges und der Verzierung weist auf den Anfang des 19. Jahrhunderts (in den Sammlungen der Handschriftenabteilung existiert eine ganze Anzahl von ähnlich eingebundenen Manuskripten, deren Einbände z. T. datierbar sind), was auch durch den Wasserzeichenbefund gestützt wird.[8] Daß der Einband oder besser der Schuber bis zu einem gewissen Grade den vorherigen imitiert, werden wir noch sehen.

Die Täfelchen werden an den Kanten durch den Papprahmen überdeckt, so daß die genaue Größe nicht feststellbar ist, doch dürfte es sich nur um wenige Millimeter auf jeder Seite handeln. Sie waren ursprünglich vermutlich mit Leder- oder Pergamentstreifen an den Längsseiten als «Codex» oder als Leporello zusammengeklebt. Spuren dieser Klebestreifen sind auf den Deckeln (Ia, XIIb; DSB nicht gezählt) deutlich zu erkennen, aber auch die Tafeln IIa, IIIb, XIIa, Ib, Va, XIa, IXa und VIIa (DSB 1, 2, 6, 10, 11, 16, 18 und 19) zeigen solche Spuren, doch ist dabei zu beobachten, daß die Zeichnungen vor dem Zusammenkleben aufgebracht worden sein müssen. Möglicherweise wurde das «Skizzenbuch» allmählich kumuliert. Die Täfelchen zeigen bis auf die beiden «Deckel» stets auf beiden Seiten Zeichnungen, auf einigen erscheinen Vorder- und Rückseite kopfstehend zueinander.[9]

Die Numerierung der Täfelchen ist im Laufe der Zeit offensichtlich geändert worden, zumal die ursprüngliche Anordnung aus keinerlei äußeren Anzeichen festzustellen ist. Die heutige Zählung ist mit der von Wilken in seiner Publikation

[8] Abgesehen von dem bereits beschriebenen Wasserzeichen findet sich in dem Bezugpapier der Unterseite des in den Schuber einzuschiebenden Kastens ein nur noch schwach erkennbares Wasserzeichen, das eine Büste im Profil, umgeben von (Lorbeer-?) Zweigen zeigt, darunter ein längerer Name. Es besteht große Ähnlichkeit zu den in Ostpreußen zu Anfang des 19. Jahrhunderts verwendeten Wasserzeichen mit den Porträts preußischer Könige, vgl. Fr. v. Hößle, Alte Papiermühlen der preußischen Provinzen West- und Ostpreußen mit Danzig, auch Posen, in: Der Papier-Fabrikant (Techn. Teil) 32 (1934) S. 194–196.

[9] Tafeln DSB 2/3, 12/21, 13/18, 16/20, 17/22 (vgl. Konkordanz).

[10] Die Zählung innerhalb der Rahmen läuft merkwürdig sprunghaft, so befinden sich die Tafeln DSB 5/1, 2/3 6/Deckblatt, 10/Deckblatt in einem Rahmen, im zweiten die Tafeln 4/11, 7/9, 8/14, 15/19, im dritten die Tafeln 12/21, 16/20, 17/22, 18/13.

von 1830 gegebenen nicht identisch, dabei sind stets beide Seiten einzeln gezählt, nur die beiden Deckelseiten blieben ohne Numerierung.[10] Auf den in einem Rahmen befindlichen Tafeln Vb/Va (DSB 4/11), VIb/VIa (DSB 7/9), IVb/IVa (DSB 8/14) und VIIb/VIIa (DSB 15/19) findet sich noch eine etwas ältere Zählung, die durch die jetzige z.T. überdeckt ist und mit keiner der sonst etwa in der Literatur verwendeten übereinstimmt. Tafel Ib (DSB 10), die Innenseite des einen Deckels, zeigt den bereits erwähnten Namenszug «Jaques daliwe» unter dem als Schreiber dargestellten Evangelisten Markus, wobei es auffällig erscheint, daß gerade diesem das Gesicht völlig zerkratzt ist.

Wie und woher kamen diese Zeichnungen in die Bibliothek? Wir haben gesehen, daß sie bereits vorhanden waren, als Wilken im Jahre 1817 die Leitung übernahm. Aber sie sind schon sehr viel früher im Bestand der 1661 gegründeten Kurfürstlichen Bibliothek nachweisbar, worauf auch Wilken in seiner Veröffentlichung hinwies. Er zitiert aus dem ältesten Handschriftenkatalog von 1668 von Johannes Raue (1610–1679),[11] dem ersten Bibliothekar der neuen Bibliothek, einen Nachtrag des Bibliothekars Christoph Hendreich (1630–1702): «Eine Schreibtaffel in welcher schöne Zeichnungen».[12] Dies ist – wir erinnern uns des Aufdruckes «Schreibtafel» auf dem Schuber[13] – sicher auf unser «Skizzenbuch» zu deuten. Nun verzeichnet aber der Katalog bereits in seinem Grundbestand von 1668 für das gleiche Regal «Treffliche Alte Stück gezeichnet in buxo mit griffell in Rothen Sammeten Beütell eingeschloßen»[14] – auch dies läßt sich mit unseren Täfelchen identifizieren. Da Hendreich nachweislich Handschriften, die er – aus welchem Grund auch immer – im Katalog nicht fand, ein zweites Mal eingetragen hat, ist dies auch im vorliegenden Fall mit größter Wahrscheinlichkeit anzunehmen, zumal die Täfelchen laut Katalog ursprünglich im 4. Fach des Regals lagen, Hendreich sie aber für das 3. Fach nachgetragen hat. Vermutlich waren sie einfach verstellt worden!

[11] DSB Berlin, Ms. Cat. A 465.

[12] Ms. Cat. A 465, f. 116v, Nr. 63 A.

[13] Daß der Begriff «Schreibtafel» für ein solches Muster- oder Skizzenbuch durchaus üblich war, zeigen die Nachweise in alten Inventaren, s. S.

[14] Ms. Cat. A 465, f. 118r, Nr. 5.6. – Die Doppelnummer steht für eine Vielzahl verschiedener Stücke, unter denen sich z.B. auch ein Kalendarium aus sechs Buchsbaumtäfelchen befand.

Der rote Samtbeutel ist im Laufe der Jahrhunderte verschlissen und wurde schließlich durch den oben beschriebenen roten (!) Schuber ersetzt, möglicherweise durch Wilken veranlaßt.

Wie und woher aber der Kurfürst von Brandenburg die Täfelchen erhalten hat, läßt sich leider nicht feststellen. Wir können nur vermuten, daß, falls es sich nicht um ein Erbstück handelt, Kurfürst Friedrich Wilhelm durch seine engen Beziehungen zu den Niederlanden – und in diese Richtung weisen die kunsthistorischen Indizien –, die sich durch seine dort verbrachten Jugendjahre und durch seine Ehe mit der oranischen Prinzessin Louise Henriette ergeben hatten, das Skizzenbuch entweder selbst dort erwarb oder geschenkt erhielt oder aber durch seine Frau in seinen Besitz gelangte. Für die Mitgift einer künftigen Kurfürstin war es gewiß ein würdiges Kleinod!

Fotonachweis

Berlin, Deutsche Staatsbibliothek S. 81 oben rechts

Berlin (West), Staatliche Museen Preußischer Kulturbesitz S. 84 unten

Brüssel, ACL S. 79, 84 oben

Brüssel, Bibliothèque Royale S. 81 oben links

Chantilly, Musée Condé S. 83

London, British Museum S. 82, 88 oben

London, Warburg Institute S. 71

New York, Metropolitan Museum of Art S. 69, 70

New York, Pierpont Morgan Library S. 73, 74, 75, S. 80 unten

Oxford, Bodleian Library S. 80 oben links

Paris, Bibliothèque Nationale S. 72 oben links, oben rechts, S. 80 oben rechts, 88 unten

Paris, Photo Müller S. 86

Philadelphia, Museum of Art S. 87 oben

Wien, Foto Horvath S. 76 oben, unten, S. 77, 78, S. 81 unten, S. 85, 87 unten

Wien, Kunsthistorisches Museum S. 72 oben mitte, unten

Brüder Limburg,
Belles Heures de Jean de Berry,
New York, Metropolitan Museum,
The Cloisters, f. 42v,
Heimsuchung,
vor 1413

70

Brüder Limburg,
Belles Heures de Jean de Berry,
New York, Metropolitan Museum,
The Cloisters, f. 132r,
Geißelung,
vor 1413

Werkstatt der Brüder Limburg,
Stundenbuch,
London, Graf Seilern, f. 130v,
Geißelung,
um 1415

Oben links:
Narbonne-Meister,
Très Belles Heures de Notre Dame de Jean de Berry,
Paris, Bibliothèque Nationale,
Ms. nouv. acq. lat. 3093, f. 63r,
Hochzeit zu Kana,
um 1380

Oben mitte:
Pieter Bruegel d. Ä.,
Bauernhochzeit,
Wien, Kunsthistorisches Museum,
um 1568

Oben rechts:
Brüder Limburg,
Bible moralisée,
Paris, Bibliothèque Nationale,
Ms. fr. 166, f. 3r,
Zuführung Evas zu Adam (Detail),
1402

Unten:
Wiener Musterbuch,
Wien, Kunsthistorisches Museum,
Sammlung für Plastik und Kunstgewerbe,
Inv. 5003, 5004 (Detail),
Böhmen, erstes Viertel 15. Jahrhundert

Jacquemart de Hesdin,
Musterbuch,
New York, Pierpont Morgan Library,
M 346,
Rückseite der vorderen Deckplatte, f. 1r,
um 1380–1400

74

Jacquemart de Hesdin,
Musterbuch,
New York, Pierpont Morgan Library,
M 346, ff. 1v–2r,
um 1380–1400

Jacquemart de Hesdin,
Musterbuch,
New York, Pierpont Morgan Library,
M 346, ff. 2v–3r,
um 1380–1400

Oben:
Braunschweiger Musterbuch,
Braunschweig, Herzog-Anton-Ulrich-Museum, Kupferstichkabinett,
Inv. 63, f. 3v,
Böhmen, um 1390

Unten:
Astronomisches Traktat von Albumasar,
New Yok, Pierpont Morgan Library,
M 785, f. 14v,
Brügge, vor 1403

Henri Bellechose,
Martyrium des heiligen Dionysius,
Paris, Musée du Louvre,
1416

78

Jean Bondol/Nicolas de Bataille,
Apokalypse von Angers,
Angers, Schloßmuseum,
Der erste Engel verkündet das Gericht
(Detail),
um 1380

Tapisserie mit dem Leben des heiligen Piat und des heiligen Eleutherius, Tournai, Kathedrale, Arras, 1402

Oben links:
Psalter,
Oxford, Bodleian Library,
Ms. Douce 5–6, f. 145v,
Geißelung (Detail),
Gent, um 1320/1330

Oben rechts:
Narbonne-Meister,
Très Belles Heures de Notre Dame de
Jean de Berry,
Paris, Bibliothèque Nationale,
Ms. nouv. acq. lat. 3093, f. 197r,
Geißelung (Detail)
um 1380

Unten:
Astronomisches Traktat von Albumasar,
New York, Pierpont Morgan Library,
M 785,
Brügge, vor 1403

Oben links:
Pèlerinage de la vie humaine,
Brüssel, Bibliothèque Royale,
Ms. 10176–8, f. 275v,
Kreuztragung,
franco-flämisch, um 1400

Oben rechts:
Jaques Daliwe,
Skizzenbuch,
Berlin, Deutsche Staatsbibliothek,
Liber picturatus A 74,
Ochsentreiber,
(Detail von Tafel Xb)

Unten:
Jean Bondol/Nicolas de Bataille,
Apokalypse von Angers,
Angers, Schloßmuseum,
Engel (Detail),
um 1380

Pseudo-Jacquemart,
Stundenbuch,
London, British Library,
Add. ms. 32454, f. 32r,
Hirtenverkündigung,
um 1413

Brüder Limburg,
Très Riches Heures de Jean de Berry,
Chantilly, Musée Condé,
Ms. 1284, f. 48r
Hirtenverkündigung,
1416

Oben:
Christophorus (Detail),
mehrteilige Altartafel,
Antwerpen, Musée Mayer
van den Bergh,
Geldern (?), etwa 1400–1410

Unten:
Flügel eines Trinitätstriptychons,
Berlin (West),
Staatliche Museen Preußischer
Kulturbesitz,
Evangelist Johannes und Lukas,
franco-flämisch, um 1390

Narbonne-Meister,
Très Belles Heures de Notre Dame de Jean de Berry,
Paris, Bibliothèque Nationale,
Ms. nouv. acq. lat.3093, f.87r,
Trinität, um 1380

Heiliggeist-Meister,
Très Belles Heures de Notre Dame de Jean de Berry,
Paris, Bibliothèque Nationale,
Ms. nouv. acq. lat. 3093, f. 173r,
Herabkunft des Heiligen Geistes zu den Gläubigen,
um 1415

Oben:
Meister von Flémalle,
Maria und Christus (Detail),
Philadelphia Museum of Art,
John G. Johnson Collection

Unten:
Kopie nach Jan van Eyck,
Isabella von Portugal,
Zeichnung in Privatbesitz,
Original 1429

Oben:
Boucicaut-Werkstatt,
Stundenbuch,
London, British Library,
Egerton Ms. 1070, f. 83v,
um 1410

Unten:
Boucicaut-Werkstatt,
Merveilles du monde,
Paris, Bibliothèque Nationale,
Ms. fr. 2810, f. 126r,
Kreuzigung,
vor 1413